逻辑表达力

刘琳／著

古吴轩出版社
中国·苏州

图书在版编目（CIP）数据

逻辑表达力 / 刘琳著. -- 苏州 ：古吴轩出版社，
2019.8（2023.2重印）
ISBN 978-7-5546-1385-6

Ⅰ. ①逻… Ⅱ. ①刘… Ⅲ. ①语言表达－通俗读物
Ⅳ. ①H0-49

中国版本图书馆CIP数据核字（2019）第119584号

责任编辑：蒋丽华
见习编辑：顾　熙
策　　划：花　火
封面设计：尧丽设计

书　　名：逻辑表达力
著　　者：刘　琳
出版发行：古吴轩出版社
地址：苏州市八达街118号苏州新闻大厦30F
电话：0512-65233679　　邮编：215123
印　　刷：唐山市铭诚印刷有限公司
开　　本：880×1230　1/32
印　　张：7
版　　次：2019年8月第1版
印　　次：2023年2月第4次印刷
书　　号：ISBN 978-7-5546-1385-6
定　　价：39.80元

前言

Preface

你是否从小就被教育成绩要好，成绩最重要，然而，直到大学毕业，进入职场，才第一次反思自己是不是不会说话：向领导汇报工作时，啰啰唆唆一大堆就是说不到重点；谈情说爱时，心里明明想得挺好，一开口却支支吾吾地连句完整的话都说不出来；同样是开口说话，有些人的表达总能说到别人的心坎上……

其实，这都是你吃了没有逻辑表达力的亏。尽管每个人的内在思想是天马行空的，但当你与别人交流，向对方传达意思的时候，如果语言不符合逻辑，就会阻碍双方的沟通，甚至还会贻笑大方。也许有的人不以为然：说话哪还需要逻辑，有张嘴巴不就能跟人沟通了，这谁不会呀?！在实际生活中，逻辑无处不在，不管你是否关注过它，它都无时无刻不在为我们服务。因此，有逻辑地说话，对你的生活和工作有着关键性的作用。

逻辑是研究思维形式及其基本规律的学科。它研究的目的在于找到思维形式的规律，总结出正确的逻辑思维方式，有助于人们运用语言准确地表达对客观事物的认识，传达给对方有效的信息。

比如，罗斯福总统是美国人非常爱戴的总统之一，至今仍为人们所深深怀念。罗斯福的逻辑表达能力之强，令人惊叹。

现代社会的复杂人际关系，快节奏的生活和工作，要求我们有更加智慧、更有锐气、更强调科学性与可操作性的“逻辑说话”之道。

本书通过新鲜、有趣的说话技巧，从实用出发，以逻辑说话开篇，分章阐述了常见的逻辑表达问题：说话重复啰唆，表达内容含糊不清、杂乱无章，说话没重点，说话太片面，表达观点自相矛盾，表达没有说服力，思路混乱，表达引起误解。书中针对这些问题，给出了具体的说话方法与指导。其中选用了大量的真实案例和名人故事，以便读者在轻松的氛围中更容易理解和掌握逻辑表达的有关技巧。

希望读者以后在日常与他人交流的过程中能灵活运用书中所传授的方法，不断积累实战经验，形成自己独特的逻辑思维方式，将自己的真知灼见用众人能理解的方式表达出来，成为名副其实的逻辑表达高手。

目录
Contents

附录

后记

第一章

说话没人听，是吃了没逻辑的亏

你是否有过这样的苦恼：自己不能在人际交往中如鱼得水，不懂得如何与他人面对面交流？你是否常常这样责备自己：为什么我说话总是前言不搭后语、颠三倒四，词不达意、表达不清？其实，这都是因为说话没逻辑。无论是在商界还是在政界，大受欢迎的都是会说话的人。他们之所以能一开口就打动人，句句说到别人心里去，就是因为思维有条理，语言有逻辑。

你说话为什么没人愿意听

说话是一门技术。对同一个人表达同样的意思，你对他说话，他总是云里雾里；别人说的时候，他就茅塞顿开。这很可能是你自身的原因。

在沟通过程中，有的人说话有理有据、条理清晰，让人不知不觉就顺着他的思路往下走。但为什么你说话时，别人总是在听完一两句后，就对你的话置之不理、迟迟不做回应呢？问题在于你说话没有逻辑。

通常，一个逻辑表达力强的人能清晰地将自己的所思所想传递给别人，让沟通变得十分顺畅；而逻辑表达力弱的人，即使心中有万千种想法，也很难用语言表达出来，这就十分可惜了。

那么，逻辑表达力弱具体有哪些表现呢？

1. 表述不清晰

表述不清晰的根本原因是说话者自身的思路混乱。通常，你很难把心中的想法和感受完美地描述出来，听者需要根据你的描述在头脑中重新构建一个图像。你描述得越生动、准确，他脑中的图像就会越清晰。如果你脑中的逻辑理不清，表达就会混乱，让人抓不住重点，对方是不会愿意听你说话的。

2. 说话没有重点

说话没有重点，又缺乏连贯性，会导致对方难以理解你的真实意思，甚至造成不应有的误会。事实上，无论是你还是沟通对象，都可能会说一些无法准确表达真实想法的话。这是因为人的潜意识中运行着一种“保护性无逻辑”机制，来保护自我或自我意识。你大概也会经常觉察到对方说话毫无逻辑，尤其是在激烈争辩的时候。

3. 措辞不当

在表达的过程中，你往往会下意识地去营造某种对话氛围，可能是令人捧腹大笑的轻松氛围，也可能是令人不敢嬉戏的严肃氛围。对话氛围好坏的营造关键在于你的措辞。措辞可以带来“三冬暖”，也可能招致“六月寒”，让对方的心理状态不断随之变化。比如：

“你真是笨，跟牛说三遍牛都懂了，你居然还不懂。我跟你解释不清。”（×）

“这个问题可能有些不太好理解，但我尽量把这个问题给你解释清楚。”（√）

4. 只唱“独角戏”

表达不是一种单方面的行为，而是双方交流互动的一个过程。也就是说，高明的表达不仅要发挥“说明”的作用，还要实现与他人的交流，使各方都融入其中。比如：

“我将从六个方面汇报我的工作……汇报完毕，谢谢大家！”（×）

“对于这一点，大家有好的建议提供给我吗？”（√）

在上面的案例中，如果不是照着稿子自顾自地说，而是偶尔停下来，提出几个自己不懂的问题，请求对方解答，或在汇报中留下明显的几处“不足”，引人发问，就会出现互动，别人也更愿意顺着你的思路走。

5. 不恰当地转移话题

不恰当地转移话题也是逻辑表达能力弱的一个常见表现。尤其是在谈论棘手的主题时，人们通常会采用若干不同的策略来转移话题。比如，当领导试图与一个员工进行反馈性的对话以便纠正一些不恰当的行为时，员工总是强调他最近取得的成就。在领导看来，员工是在通过转移话题来躲避责罚，但这样的小伎俩，领导会一眼看穿。

当然，你不要认为只有工作面试、演讲的时候才是逻辑表达发挥功效的时刻。其实，生活中的点点滴滴都渗透着逻辑表达，一个会表达的人在生活中往往会顺利许多。因此，赶快重视起你的逻辑表达力吧！

有逻辑地表达，开口就能打动人

沟通漏洞原理告诉我们，你心中的想法在传递过程中会不断“损耗”，真正能被对方理解的内容还不足一半。有逻辑地表达，能够提升信息的传达率，可以使对方接收更多有效信息。

通常，我们心中所想的内容，说出口的或许只有80%，对方听进去的只有60%，反馈的只有40%，这就是沟通漏洞原理。由于沟通漏洞的存在，说话时就更需要具有逻辑性，如此对方才可完全理解你的真实意思。

一个说话有逻辑的人，总是可以流利地表达出自己的想法或意图。不仅如此，他还能把复杂的道理说得简单、明了，把浅显的道理说得清楚、动听，使对方很乐意听他说话。

总之，一个说话有逻辑的人，能做到言之有物、言之有序、言之有理、言之有情。

再对比一下那些说话没有逻辑的人。显然，他们很难准确地表达自己的想法或意图。说话时，要么颠三倒四、杂乱无章，要么词不达意、东拉西扯，很难说到点子上。

这样说话的人一开口就会让对方感到厌烦，又如何打动别人呢？请看错误的和正确的逻辑表达：

“在这场交通事故中，好像是这辆车先……呃……又好像是后面那辆车先超车……后来就撞上了……”（×）

“这场交通事故发生的时间是……地点是……事情的经过是这样的……”（√）

那么，有逻辑地说话，具体都有哪些好处呢？

1. 简明扼要地表达观点

有逻辑地说话，可以让你对想要阐述的问题的重点及结论进行整理，将你想说的话明确地表达出来，从而减少对方的误解。很多时候，受各种条件的影响，说话者逻辑不清，说出的话就很容易让人误解，严重时还会产生争吵。

2. 减轻听者的负担

心理学家研究发现，听一个人说话，本身就容易感到厌烦。因此，有逻辑地说话就显得非常重要，特别是面对那些容易产生厌烦心理的听者时。

3. 提升你提问的能力

逻辑清晰的说话者在提问的时候，非常明确自己希望得到什么信息，不会浪费时间去计较不相干的事物。如此他们提问的内容越多，接收到的有效信息也就越多。

约翰·R.斯托克先生认为，提问有营造尊重氛围、增进参与、促进坦率、激发反省、深化理解等作用。其中激发反省和深化理解两种作用，只有那些有逻辑性的提问才能实现。因此，提升说话者提问的能力很重要。

提升逻辑表达力，四大要素不能少

你平时说话时是否存在主题不够明确的现象？是否经常语序颠倒？如果有这种现象，就是说话没有逻辑的表现。

做到有逻辑地表达，要具备以下四大要素。

1. 明确自己想说什么

明确自己想说什么，确定自己表达的主旨，是让你的话语符合逻辑，彰显魅力必备的要素。比如：

“我觉得王燕在工作中办事效率很高，处处为其他同事着想，任何事情都以公司大局为重，值得奖励。我记得有一次，她为了帮我打印一份设计图，耽误了和男朋友约会，为这事我还十分过意不去呢。”（×）

“我觉得王燕是一个尽职尽责的好员工，她不但为别人着想，而且在自己的工作方面也很努力。因此，我觉得她应该获得这次表彰。”（√）

2. 说话要言之有序

在生活和工作中，我们遇到的人和事都很复杂，假如说话的时候不能好好把握其中的逻辑顺序，就会让事情越来越复杂。假如你能够把握好逻辑顺序，那么就能让复杂的事情变得简单起来。那么，如何才能做到言之有序呢?

（1）按照事情的发展顺序来说。

在与别人沟通时，你可以根据时间、地点、人物、起因、经过、结果的顺序来叙述。即赋予话语逻辑性，让对方能够轻松理解。

（2）按照主次顺序来说。

我们先来看关于一个问题的两种回答情况：

问："你的工作为什么没有完成？"

答1："这个工作太难了，很多地方我还没有理解，我加了好几天班，都没有进展。昨天我太累了……"（×）

答2："我昨天加班加得太晚了，最后也没有写完。不瞒您说，这个工作实在是太难了，很多地方我都还没有明白，想这几天向您请教的。"（√）

对比这两种回答方式，第一种回答中有抱怨情绪，第二种回答中情绪显得比较平和。根本原因是第一种表达中，回答者说话时没有分清主次，说话言之无序。

（3）叙述紧急事件时先说结果。

在叙述紧急事件时，就不能按照时间、地点、经过、结果的顺序来说了，而是要先说结果，开门见山，让对方有一个清晰的认识和心理准备。

3. 句子要完整

说完整的句子是沟通顺畅的关键，也是表达清晰的关键。如果句子不完整，很容易使对方产生误会，这样不但浪费时间，更易带来不必要的麻烦。比如：

“那天我交代给你的工作，你完成了吗？”（×）

“上周五，你把××公司的合同寄出去了吗？”（√）

那么，如何才能使你的话语变得完整呢？每句话表达的信息要完整，不可打断、中止一个完整的句子，不可只说关键词。

4. 使对方充分理解你的意思

逻辑表达的目的就是让对方充分理解你的意思，从而使沟通更加高效。假如你用词不当，或表达的意思不明确等，都会容易使对方误解你的意思。因此，在说话时一定要避免出现这些错误。

拥有逻辑思维力，把话说好并不难

逻辑思维力一直是语言表达中一种重要的能力。它的本质就是在表达过程中，给你提供一种梳理问题、分析问题及解决问题的方法论。那么，要想说话的时候符合逻辑，需要具备哪些逻辑思维力呢?

一些人说话总是不过大脑，说出的话让人摸不着头脑；还有些人说话时总是语无伦次、毫无逻辑；等等。这都是因为我们缺乏逻辑思维力。

下面给大家介绍几种基本的能力，能够让你的表达更具有逻辑性。

1. 观察能力

观察是解决问题的关键和前提。通过观察，你就能知道如何组织自己的语言，能够比较客观、明确地表达自己的观点。一个人具有观察能力对其有三个好处：

（1）使你的话语更有说服力。

（2）摆脱臆想猜测。

（3）避免被他人抓到把柄。

2. 思考能力

很多时候不是因为你不会说话，而是因为你说话时不懂得思考，所以在表达时就容易出现一些逻辑错误。假如你想不明白，那么自然也就会说不明白，对方也会感到厌烦。通过下面一组例子，我们不难发现问题所在。

“××是个只会吹牛和卖弄的人，这就是事实，不信你可以问问大家是怎样看待他的。”（×）

“××平时比其他人更喜欢展现自己，说话有时候比较夸张。”（√）

3. 组织语言的能力

组织语言，简而言之，就是你想要你的每次交流如何发生、如何发展、如何结束。你应该担负起整个交流的责任。当然，你怎样去组织，基于你对当前情况的解读。

语言组织能力体现的是一个人内在的思考和总结。想要表达得更清晰、有逻辑，就要多锻炼你的语言表达能力。比如，在平时，你可以多阅读一些好的作品，这不仅可以开阔你的视野，还能增强你的语言组织能力和逻辑思维能力。

4. 准确表达能力

准确表达能力，是指用词准确，语意明白，结构妥帖，语句简洁，文理贯通，语言平易，合乎规范，能把客观概念表述得清晰、准确、连贯、得体，没有语病。

假如你不能清楚地说出自己想要说的话，对方就会犯糊，甚至在某些事情上，还会造成不可弥补的损失。

5. 观念付诸语言能力

观念付诸语言能力，就是为自己的观点找到合适的语言或措辞。比如，邀请喜欢的人约会时，很多人会这样说："你这周六有时间吗？"若是两情相悦，那这种措辞自然没有问题，否则能否得到肯定的回答可就难说了。

其实，只要换种说法，就能跨过这道障碍。比如，你可以这样说："那家有名的法式餐厅，现在只能订到这周五或周六的位子，你这两天哪天有空呢？"同样的邀请，这样的措辞就显得更有逻辑性，也更容易帮你邀约成功。

说话有逻辑的人应具备的姿态

说话时不仅要有逻辑表达的能力，还要有从内心发出的正确姿态，比如，说话时表现出的尊重、真诚、自信等。同时，适当地调整你的动作会让你的情感表达更强烈一些。

说话有逻辑的人，具体应具备的姿态有以下几种：

1. 尊重

尊重是沟通能够顺利进行的基础。如果我们表现得不尊重对方，就会使对话变得消极或激进，或两者兼而有之。

尊重就像是空气，当它存在时，没有人会想到它；但如果把它拿走，人们就会非常重视它。因此，一旦人们在沟通中不受尊重，讨论马上就会终止，取而代之的是他们出于自尊的高度防御状态。

2. 真诚

真诚就是思想、情感和行为一致，即言行一致、表里如一。如果我们能够真诚地对待对方，对方也会真诚地对待我们，透露出他内心的真实想法和看法。

真诚一定要发自内心，不是表面上的装模作样。而我们内心的真诚常常会表现在言语和表情上。另外，美国推销大王乔·吉拉德这样说："真诚是从书本上读不到的东西，只可意会，不可言传。"

3. 自信

罗曼·罗兰说："先相信自己，然后别人才会相信你。"自信就是一个人的底气，如果一个人在说话的时候连底气都没有，别人又怎么会相信你，被你说服呢？可以说，一个人自信心有多强大，对别人的影响力就有多大。

4. 亲和力

当你浑身散发着亲和力时，沟通对象就会不由自主地被自己感召，放下紧张和焦虑，倾吐心中的话语。亲和力就像一种磁场，能够让人乐于跟自己待在一起，感受到安全、平静和快乐。

另外，也要注重调整你的动作，这样会让你的情感表达更强烈一些。比如要表现得很自信，就像你真正感觉到了有信心和喜悦一样走动或站立。注意，这不是"造假"，而是在假设的情况下做出某些行为。当你感到自豪时，你可以脑袋上扬、面露微笑等，但是它们不包括急促地呼吸、紧缩下巴以及紧握双手，因为这些动作通常是与恐惧相联系的。

▷延伸阅读：提高逻辑表达力的有效途径

人与人之间的沟通无处不在，但很多沟通都是无效的或效果不理想的。在这个竞争激烈的社会，如何有效沟通、有逻辑地说话显得非常重要。下面就给大家分享一些关于提高逻辑表达力的知识。

1. 培养抽象思维

逻辑大致可以理解为对具体事物规律的抽象总结。人类大脑进化出逻辑推理功能，一个主要的理论依据是，原始人类在追捕猎物过程中根据猎物足迹、环境和习性的各种规律分析出猎物所在的位置。因此，逻辑性要强，多培养抽象思维。

总体来说，一个人说话的逻辑与受教育程度有较大的关系。受教育程度越高，接触到的知识就越多，对于逻辑和复杂概念的把握能力也就越强，因此逻辑表达力就越强。

2. 多进行阅读

多阅读一些抽象思维的书籍也是提升逻辑表达力的一种好方法。比如，阅读小说和阅读哲学著作相比，小说更多培养的是对画面的想象能力和对角色的共情能力，而哲学著作就要求你运用抽象思维去思考。

在阅读抽象思维类型的书籍时，一定要慢读、精读，有时还需要你回头看看阅读过的章节，并重新整理自己的思路。有逻辑地阅读，要求你一边阅读，一边在大脑中构造出作品的大框架。假如你读完一章就忘记一章，最后对你的逻辑思维能力的提升是没有什么帮助的。

3. 多写作，提升书面表达力

逻辑表达能力是需要通过训练来提升的。假如你的逻辑表达能力还比较差，可以从书面表达开始练习。书面表达可以使你有足够的时间思考，让你仔细琢磨措辞和逻辑的严谨性。书面表达可以是有目的性的写作，如读书笔记类的评论，或是对问题的分析，也可以是一般性的对自己生活体验和见闻的总结。

这样一个过程不仅可以提高你的写作能力，还能提高你的逻辑思维能力，令你发现自己在逻辑表达上的不足，进而慢慢改变和提升。

4. 参加辩论赛

参加辩论类比赛，对于锻炼逻辑思维、提升逻辑表达，也是一个不错的方式。一方面，赛前准备就是一个梳理自己辩论内容的逻辑和组织语言的过程；另一方面，辩论时的紧迫压力可以提升你的大脑反应速度。

5. 少说多听

为了使你更好地了解对方的逻辑，你需要停下来倾听对方的话。集中精力倾听和不加评判地倾听是倾听的基本要求。

集中精力倾听需要我们有很好的自制力，全身心地听别人说什么，并要听对方话中隐含的信息。但有些时候，冗余的事情会存在我们脑子里，使我们无法集中精力。最好的办法是当发现自己走神的时候集中注意力，努力回到当下的对话中。

不加评判地倾听很难做到。法国作家西蒙娜·薇依这样写道："倾听一个处于痛苦的人，不仅十分罕见，而且非常困难。那简直是奇迹，那就是奇迹。有些人认为他们可以做到，实际上，绝大部分人还是不具备这种能力。"但我们要尽量做到：理性观察，不做应激反应者；先征求对方的同意再提供建议。

6. 拓宽关注的广度

说话逻辑性比较差的人，关注的广度比较狭窄。因此，你需要学会拓宽自己的关注广度，在时间和逻辑的维度上都能够广泛关注到话的所有内容，而不只是某时某刻听到的内容。

7. 追求多角度思维

对于事物，你要尽可能地运用两个或以上的角度来观察分析，并且能够区分不同角度之间的优势与劣势，这样你就能够更好地认识事物的多面性，也能够避免自己因为单一逻辑而造成的偏见和局限。

最后，你要知道，没有人一生下来就能有逻辑地说话，它需要你不断地练习和积累经验。

第二章

把握主题，避免说话重复啰唆

古语云“言多必失”，话不在多而在精，冗长的话语让人听起来厌烦。刘禹锡的《陋室铭》中有这样一句话：“山不在高，有仙则名；水不在深，有龙则灵。”人与人之间说话也是如此，讲话不在于多，而在于精简，在于每句话的质量。

说话把握主题，才不令人反感

在任何场合，说话重复啰嗦都容易引起对方反感。通常，说话善于把握主题的人，才能得到对方的欣赏。

主题是一个人说话最基本的内核，任何表达其实都是围绕这个内核展开的。我们将说话分为两类：一类是事先就有明确的主题，另一类是事先没有明确的主题。比如，会议发言、演讲、辩论等都属于前一类，这样就可以轻松进入选择表达内容的阶段了；而那些朋友聚会时即兴的对话和闲聊等都是没有明确主题的，人在这种时刻处于放松的状态，因此说话就十分随意，而这也是说话啰嗦、没有中心最常发生的时刻。

周妍妍自认为是一个很善于说话的人，一开口就滔滔不绝。但其实，别人眼中的她并非如此。一次，她分享完自己的话后，她的朋友王璇温柔地说道："你说了那么多内容，不过我还是不太清楚你到底表达了什么意思。"

周妍妍疑惑地反问道："难道我表达得不够清楚吗？"随后，另一个朋友李桐开口了："你总是自顾自地说，并且想到哪里就说到哪里，缺乏一个清晰明确的主题。"听完朋友们对自己的评价，周妍妍立马变得伤心起来，因为从未有人这样评价过她，她也从未思考过这样的问题。

她开始反思，也尝试着去改变自己说话的习惯，还买了几本有关口才的书。从书中她学到：说话要遵循"一"的原则。这个"一"就是一次分享、一个故事或者一次讲话只表达一个观点、一个主题。按照书中的方法，她每天不断地练习，说话的能力慢慢得到了提升。

从上面的案例中，我们可以得知，爱说话并不等于会表达。无论是会议发言，还是和朋友聊天，表达的每一段话都应有一个明确的主题。对说话者来说，表达得轻松、清晰；对倾听者来说，他也能听得明白，更容易接受。

当然，在表达过程中也要注意不要偏离主题。对于"事先有明确主题"的交流，要不时地提醒自己主题是什么，或在刚要跑题时能够及时"刹住车"；对于那些"事先没有主题"的交流，你可以试着提取自己说话的主题，将其明确化、具体化，这样表达起来就有了"主心骨"，避免出现表达啰唆、杂乱的情况。

那么，如何增强你的主题把握能力呢？其实，重要的方法是提高你提取主题的能力。在别人说话时，你可以尝试着去提取他说话的主题。

"以前我总去书店、图书馆，但现在电子设备上都可以看书了，所以我很少去书店买书了。当然，如果想买纸质书，我会从网上买，还会有好多促销活动。”

在阅读本书之前，你可能会随意地接着对方的话茬儿聊下去，但现在，你可以尝试去提取一下对方想要表达的主题——阅读方式的转变。得出这个主题后，你可以更深入地去练习。比如，假如你要表达这个主题，该如何说呢？相信通过这样不断练习，你在把握主题和提取信息方面的能力会不断增强。

省略长篇大论的开场白

不管是正式场合还是非正式场合，说话都应追求干净、利索。开场白也是如此，一开头就快速切入主题，能让对方一下子进入状态。不要浪费时间和精力去绕圈子。

冗长的开头容易让听者觉得厌烦，无法把握交流的重点。表达的目的就是把重要的内容说清楚，而任何开场白或铺垫其实都是为内容而服务的。如果喧宾夺主，用长篇大论的开场白先分散了对方的注意力，那么后面的表达就很难取得较好的效果。

很多人都会犯这样的错误：他们认为对方一直在听自己说话，但事实上对方并没有，他们在乎的只是自己的事情，除非你的开头足够吸引人，内容对对方有一定的意义。要做到这一点，就要构建“坡道”，这就是彼得·迈尔斯提出的“坡道理论”。

对此，他认为，坡道就是演讲时你说出的那几个句子。它应当马上吸引听众的注意力，并有足够高的“坡度”，这样，无论接下来你说什么，都会引起听众的兴趣。这就像跳台滑雪，坡道会改变你冲击的角度，将你推送到一个更高的水平。在听众的脑海里，它会提高你讲话的重要性，将你说的内容放到一个更高的优先层次上。一旦你的听众开始关注你将要说的内容，那么他会一直倾听你的讲话。当他们倾听你讲话时，他们就与你真正在一起了。

那么，你想过对方决定是否关注你说话要花多长时间吗？一分钟还是两分钟？研究表明，你能利用的时间只有七秒。但大多数时候在开口之前，七秒已经过去了。因此，在表达你的开头时，切记要让它出众、干净、利索，要旗开得胜，因为没有时间让你浪费。

比如下面的完美开头：

“在座的每一位都为公司的成功做出了巨大的贡献。你们当中的许多人是公司的创建者。你们一起创建了这家公司，并且在你们的努力下，公司已成为行业里的佼佼者。但是，女士们、先生们，我们现在面临一个挑战。在接下来的七年里，你们中20%的人会退休，而我们没有储备在未来带领我们前进的人才。

“这就好像一次航行，出发时有充足的补给让我们到达目的地，但是没有充足的补给让我们回家。如果我们现在不采取积极的行动，那么公司的未来就成败难料了。”

假如你确实想要唠叨些家常，介绍自己或其他，那么就把这些事情放到开场白之后再说。

为了架构坡道，彼得·迈尔斯提出了一些有效的开场策略。

（1）使用让对方感到震惊的内容，使对方一下子对你的话引起高度关注。

（2）运用统计数据，特别是那些与每个人的切身利益及日常生活息息相关的数字，可以让对方感到惊喜与振奋。

（3）讲大家感兴趣的故事，包括历史故事和现实案例。

（4）用“坦白”来表现自己的不足，欲扬先抑，给人真诚的印象。

（5）以“你或你们”开头，说明你谈论的是对方喜爱的话题——关于对方的。

（6）提出问题，比如：“你们当中有多少人认为孩子就读的学校应该做得更好？”

（7）传统建议认为应该用笑话做开场白，但现在最好慎重讲笑话，除非你的笑话足够新颖、幽默且与对话主旨有关。

（8）运用“想象”这个词。这个词具有不可思议的力量，因为它使对方从被动的一方转变成了积极的参与者。

滔滔不绝不得人心，沉默能更好地表达观点

说个没完没了，不如在合适的时刻使自己保持沉默。有时候，适度的沉默比妙语连珠更有利于对方接受你的观点。

我们常常用“口若悬河”“舌灿莲花”等词语来形容一个人的口才了得，但事实上并非所有事情都说得越多越好。无论是与朋友交谈还是工作交流中，滔滔不绝、独霸时间的人都会令人反感。

李莎长得好看，又爱说话，不论在什么样的场合，都会成为大家关注的焦点。朋友聚会时，不管别人愿不愿意听，她总会把聚会当成自己的脱口秀现场。好朋友曾提醒她不要滔滔不绝地说话，李莎则认为这不是什么缺点，反而觉得自己能说会道。

一次，李莎去一家外企进行面试，因为她很想进入这家公司，便在面试前准备了好多资料。在面试过程中，面试官问她：“你对我们公司了解吗？”话音刚落，李莎立即把该公司的基本状况、业务状态、产品等一一介绍了一遍，就像背书一样。

面试官听后，点了点头说：“请你简要说一说你自身的优点和

缺点。”

这下，李莎立刻打开了话匣子，把从自己小时候到现在所经历的事情几乎都说了个遍。面试官根本不愿意听这些，几次想打断她的话，都被李莎的强势表达挡了回去。最后，她总算说完了，面试官语重心长地说道：“你非常能说。”

李莎心里暗喜，以为面试官是在表扬她。最后，面试官说：“如果让你做销售，你觉得自己能胜任吗？”

李莎自信地回答：“没问题，说话是我的强项。”

面试官微笑着说：“行，面试结束了，回去等我们的通知吧。”

李莎对自己的表现很满意，想着一定能被录用。但结果是相反的，这让她感到很疑惑：明明自己回答得很好，为什么没被录用呢？于是，她主动给那家公司打电话，询问为什么面试没通过。那边传来的结果是：“你在说话方面可能存在一些问题，急于表达，不注重倾听，不能胜任我们公司的销售工作。”李莎听后，后悔地说：“真不应该说太多话。”

李莎之所以面试失败，就是因为她在回答面试官的问题时总是说个没完没了。有句话说的是“庸者健谈，智者沉默”。看来，并不是所有的“侃侃而谈者”都会受到大家的喜爱和欢迎。这就好比吃东西，你的胃原本就那么大，如果你不停地给自己的胃塞各种各样的食物，又怎么会品尝到食物的美味呢？

《鬼谷子》中写道：“人言者，动也；已默者，静也。”一个人说话，属于动；一个人沉默，则属于静。学会以静制动，才是良策。简单的沉默做起来不难，难的是如何有智慧地沉默，让你不说话却更有礼貌，更受人欢迎。

美国加利福尼亚大学心理学教授古德曼曾提出：“沉默可以调节说话和听讲的节奏。沉默在交流中的作用，就相当于零在数学中的作用。尽管是‘零’，却很关键。没有沉默，一切交流都无法进行。”

需要注意的一点是，沉默并不是简单地、一味地不说话，而是一种成竹在胸、沉着冷静的姿态，尤其是在面部表情上绝不能“沉默”。因为眼睛会流露出你的真诚，微笑的嘴角会表现出你谦和的态度，适当地点头将传达出你的赞同之意。嘴在休息，但千万别让自己的心也休息，它还需察言观色，在内心做出回应。

那么，沉默多长时间为宜呢？三秒钟是最合适的。这个短暂的“空白时间”会让快节奏的对话一瞬间慢下来。对方的大脑也能从高速运转中突然清醒过来，将注意力更加集中在谈话的主题上。

在生活和工作中，我们时常会遇到因说过多话而后悔的情况，适当地保持沉默是更好地表达观点、避免这类问题发生的最好办法。适当地保持沉默，除了能让你有更多思考的时间、减少说错话的概率外，还能让对方听出你的真正意思，迫使对方去倾听和思考你的话语。适当地沉默可以改变你说话的节奏，突出自己想要对方重点关注的内容。

适当保留，勿将所有信息传达给对方

在表达中，你要做到轻重有别，不要把所有信息都一股脑儿地说出来。应考虑对方的情况，并找到与主题最相关的思路，阐述清楚即可。

有这样一个有趣的传话现象：一句话从第一个人悄悄地传递到第十个人，等到最后一个人描述时，其意思变化很大。就算是一模一样的信息，同时传达给十个人，每个人对它的接受程度和转达，也都是不尽相同的。因此，在你表达时一定不能增加很多冗杂的信息，不要将所有信息都传达出去。比如：

“我们准备办一个活动。因为上次那个活动领导说……所以……”（×）

“小胡，星期三下午我们在中心广场有个活动，你也来吧。”（√）

只想着自己说什么，相当于把自己杯子中的水倒入别人的杯子，但实际上对方杯子中的水已经溢出来了，对方的信息因此得不到整理，只留下模糊杂乱的记忆。

说话是要讲究方法和分寸的。你要根据不同的人、不同的时间、不同的场合和不同的事情，学说不同的话，而不应一味地按照自己的思路，要考虑对方对自己说的话是否感兴趣，自己的观点能否被对方接受等。比如下面案例中的徐松就是一个一味按照自己思路说话的人。

徐松是一个优秀的男生，虽然工作很优秀，收入也颇高，人长得也很精神，但是由于情商很低，要求又高，他一直没能找到合心意的女朋友。

徐松的母亲很着急，逼着他去参加一场又一场的相亲。徐松本来对相亲丝毫没有兴趣，根本不会想到自己居然会对一个相亲对象一见钟情。

那个女孩儿温柔恬静，长发飘飘，温言细语，笑容美丽。徐松一下子被这个女孩儿吸引了，心跳加速。为了引起女孩儿的注意，徐松不停地问她问题。

女孩儿似乎对他的第一印象也不错，微笑着对他说："真看不出来，你就是媒人口中的年纪不小的男生，可是你明明看起来很年轻啊！"

徐松心花怒放，不好意思地说："我都30多岁了，对了，你呢？媒人说你也不小了，你多大了啊？"

听了他的问题，女孩儿不自然地笑了笑，尴尬地说："直接问女孩子的年龄是很不礼貌的哦。"

徐松却不以为意，还一直追问："没关系啊，咱们以后就是朋友了啊。老实说，你看起来很年轻，应该不到30岁吧？"

女孩儿脸上红一块白一块，其实在她的心里，年龄问题一直是她的一块心病。徐松还是不知趣地继续问："媒人只说你是个小学教师，我以前还从来没有接触过做教师的人，这行的薪资待遇怎么样啊？"

女孩儿语带讽刺地回答说："听说你是做IT的，我当然没有你赚得多了。"

徐松一直自以为是地用一些蠢问题套近乎，却没想到，他第一个问题问出口的时候，女孩儿在心里早就将他淘汰了。之后无论徐松怎么活跃气氛，都没有打动女孩儿的心。最后这次相亲在尴尬中结束了。

从上面的案例中可以看出，在相亲的过程中，徐松总是有什么说什么，没有考虑女孩儿的立场和想法，从而让女孩儿对他产生了反感，导致了这次相亲的失败。

一个人将所有心中的想法或话语都毫无保留地说出来，很容易伤害对方，因为每个人心中都有"不可谈论之事"。约翰·R.斯托克说："我们将自己想到、感受到但不说出来的一切称为'不可谈论之事'。为什么不可谈论呢？这是因为，我们将这些想法及它们造成的感受都藏在心里……我们总是进行着两个对话，一个对话是在我们的脑海中，另一个对话则出自我们的口。"因此，在表达时，你要考虑对方的喜好、兴趣和隐私等，考虑你将要说的话是否会引起对方的不快。

那么，你应如何避免这一情况呢？约翰·R.斯托克说："如果我们花点时间来思考自己想要开展的对话，在我们的'意识'脑中，对棘手的话题做深思熟虑、目标明确的准备，那么，我们必将创造一个不同的现实。通过对难题进行认真思考，你将做好智力、心态和对话的准备，从而加大成功的可能性。”

删繁就简，复杂话要简单表达出来

话不在多，而在精。如果你的话语不够简练，就会出现很多逻辑问题，让对方感觉你的话语没有中心，思路不清晰，造成理解负担。

作家兼记录英国文化的著名编年史学家乔治·奥威尔说过："现代语言最糟糕的一点就是其构词不是为了词的意义，不是创造使意义更加明确的形象，而只是将已经被其他人设定好次序的长长的词粘在一起。"要避免这样的表达，应运用简单、直接以及有力的实在的语言。

有一次，马克思的女儿燕妮，向当时德国著名的历史学家维特克请教，问他能否将古今的历史缩写成一本简明的小册子，教授笑着答道："不必。"他巧妙地用了四句谚语，就概括了古今的历史。

（1）上帝让谁灭亡，总是先让他膨胀。

（2）时间是筛子，最终会淘去一切历史的沉渣。

（3）蜜蜂盗花，结果会使花更繁盛。

（4）暗透了，便可看得见星光。

这位历史学家深谙语言简洁之道。其实，他说的这四句话是德国流行的四句谚语，每一句话都用巧妙的比喻对历史进行了深度的概括，让人对历史产生了清晰而深刻的认识，这便是语言精简的艺术。

在日常生活和工作中，人们都有一套自己的说话方式。表达同一件事情时，有的人需要用很长时间、组织很多语言才能说清楚，有的人则只需要一句话甚至一个简洁的词语就足够了。而后者往往更能让人清楚地理解和明白。

在美国纽约曼哈顿的一座写字楼中，有一家中国人创立经营的金融贸易公司正在开会。会议讨论的主题是最近市场的主要形势，关键负责人是市场部的李经理和王经理。

总负责人面向两位经理，问："你们对现在的纽约市场有什么看法吗？"

李经理说："从目前形势来看，由于受到金融危机的影响，市场有些低迷，各个行业的投资进展都较缓慢。但是，考虑到当前国际市场繁荣向前，纽约市场又略显稳定。"

总负责人觉得李经理说得不错，点点头，又问王经理。王经理沉稳地说："我认为，当前市场的状况是动荡中有稳定。"

结果，总负责人把这次投资项目的工作安排给了王经理。原因是王经理能够把复杂的话简单表述出来，可以看得出他是一个很睿智的人。

从案例中可以看出，两位经理所表达的意思是相同的，但是李经理的表达过于烦琐，显得他的思维逻辑很混乱。而王经理的阐述简明扼要，让领导一下子清楚了他表达的意思，而且还有一个回味的空间。可见，简明扼要的说话方式会给你的形象加不少分。

另外，彼得·迈尔斯教授说："在有效的沟通中应避免使用陈词滥调和业内行话。听者会根据语言的新鲜程度来判断你思想的新鲜程度。"

那么，如何删繁就简，把复杂的话简单表达出来呢？

1．会概括

概括与抽象有紧密联系，没有抽象就不能进行概括。在进行抽象和概括时，要注意舍弃次要的、非本质的属性，把主要的、本质的属性抽取出来，再通过概括表示同类事物的全体。比如：

"他总是做一些力所不能及的事情，从不先掂量掂量自己的力量和本事。"（×）

"在做事情的时候，他总是自不量力。"（√）

避免使用长句子，尽量使用简单易懂的短句子，概括能力是必不可少的。

2．会强调重点

在表达中，你要学会对重点内容进行适当的强调，这会让你的说话主题更加突出，有利于对方快速明白你说话的侧重点。因此，你就要省略或弱化那些无关紧要的话语，这样才能更加简洁地表达你的想法。

要突出强调你说话的重点，有两种常用的方法：第一，提高音量，这是比较直接的做法，也是大多数人习惯采用的方法；第二，停顿，停顿所带来的突如其来的沉默，和突然提高音量有异曲同工之效。

3. 与你的意图相匹配

用简单的言语表达时也要注意是否与你的意图相匹配。假如一项工程没有如期完工，说“我们失败了”可能会扼杀团队的希望，打击团队的士气。如果你想让他们重视事实，而不是吓唬他们，你可以这么说：“我们没有实现所有的目标。”

▷延伸阅读：改掉你的口头禅

口头禅是指一个人习惯在有意或无意时常讲的语句。口头禅算是一个人的一个标志，也影响他人对他的印象。口头禅是心理的一种反射，可反映出说口头禅者的心理状态。

很多人在说话的时候，都会习惯性地带上口头禅，如“是不是”“对不对”“这个这个”“那个那个”“嗯”“啊”等，这些口头禅偶尔听一两次没什么。但是，如果出现的次数太频繁，就会让你的表达显得啰唆，特别是脏话类口头禅，既折磨听者，也破坏自身形象。

那么，如何改掉这些口头禅呢？

1. 录制口头禅

你可以把自己的口头禅录制下来，然后反复播放，以听者的角度体会一下反复听到这些词的感受。当你自己从内心开始反感的时候，就会慢慢降低自己说口头禅的频率。

2. 懂得自我克制

说话时要懂得自我克制，不要脱口而出，应先在心里组织好措辞，然后把这些措辞以适当的语速表达出来，这样既能避免出现口头禅，又能使你的表达很有逻辑。

3. 积累词句，练习演讲

通常，频繁说口头禅是口才不好的表现，由于一时没有词，说话出现空隙，才会用口头禅来填充。你可以多阅读一些经典文章，背诵一些好的句子，然后多加练习，这样就能避免词穷导致说口头禅。

4. 培养自己的逻辑思维

频繁使用口头禅的人，思维上往往缺乏严谨性。平时可以多看一些提高思维严谨性的书籍，从规范思维的方面着手，改掉口头禅。

5. 让好友帮助提醒

你可以找一个好友来监督自己，一旦说话出现口头禅，就用规定好的某种方式来惩罚自己。

6. 注重说普通话

如果你习惯了用方言说话，就会常常带有方言形式的口头禅。因此，从现在开始，要多注重说普通话，在准备脱口而出口头禅时设置一道从方言翻译成普通话的关卡，这样口头禅不顺口了，就会容易改掉。

7. 不断坚持

要想改掉爱说口头禅的毛病，需要你不断坚持，有意识地进行练习，直到你完全改掉为止。千万不要三天打鱼两天晒网，这是没有一点效果的。

第三章

清楚表达，谁也不愿听模棱两可的话

表达不清，不仅容易使人听不明白你的意思，并且也不能保证你的谈话对象在倾听你说话。在生活和工作中，假如你所表达的意思模棱两可，那么你说话根本就谈不上富有逻辑性。一旦对方问“你到底想说什么”，那你就铁定出局了。

因此，为了能够做到清楚表达，你应学习一些技巧和方法。比如，改掉使用歧义语句的坏习惯、用对比来表达、表达具体、运用肢体语言等。

表达内容含糊不清，让人无所适从

大多数人都喜欢说话清晰而不含糊的人，因为说话含含糊糊，没有明确的观点，容易让对方不明所以、难以理解。表达含糊不清的人违反了“排中律”的逻辑规律。

在逻辑思维中，“排中律”要求在同一表达中，一个概念或反映事物的某种本质，或不反映事物的这种本质，一个判断或反映事物的某种情况，或不反映事物的这种情况。同时，“排中律”还要求，对于互相矛盾的两种思想必须做出排他的选择，而不允许都加以否定或都加以肯定。

有这样一个故事：

狮子为了让百兽认为自己是真正的大王，就指定熊、猴子和兔子为它的大臣，许诺给它们好吃的，并保护它们，它们三个胆战心惊地同意了。开始还好，它们三个也威风了一段时间，但好景不长，狮子与它们在一起待腻了，很想吃掉它们，但之前承诺过它们，因此狮子不得不找个合适的理由。

狮子终于有了主意，它把三位大臣招来说：“你们当大臣有一段时间了，为了考验你们的忠诚，现在得测验一下你们。”说着，狮子朝熊走过去，问：“你告诉我，你从我的嘴里闻到一股什么气味？”熊如实说：“大王，您天天吃肉，所以您嘴里的气味很不好闻。”“你竟然说我臭，你犯了叛逆罪！”狮子吼叫起来，“我这就将你处死！”说罢，狮子扑到熊的身上把它咬死，并美美地吃掉了。

猴子和兔子惊恐地回家了。过了几日，狮子又问猴子：“你告诉我，我嘴里有什么气味？”猴子想到熊的下场，为了保命，它赶紧回答说：“大王，您的嘴里开放着世上最香、最甜的鲜花。啊，从您嘴里呼出来的热气中，可以闻到一股奇异的芳香！”“你这个骗子、马屁精！”狮子吼叫着，“你竟敢对本王说谎！我天天吃肉，嘴里哪来的花香！”说着，狮子又扑到猴子身上把它也吃了。

接着，狮子又以同样的问题问兔子，兔子心惊肉跳地回答说：“真是抱歉，狮子大王。今天我感冒了，鼻子堵得厉害，什么气味也闻不出来。请允许我明天再来答复您。”狮子听兔子这么说，不好直接吃掉它，没有办法，只好放兔子回家了。

狮子的嘴巴本来是臭的，熊如实地说出了它嘴里的气味很臭，被定为“叛逆罪”；猴子撒谎说它嘴里的气味很香，又被斥为“拍马屁”。在回答狮子的“嘴里有什么气味”这个问题时，诚实不行，不诚实也不行，很明显狮子违反了“排中律”的逻辑规律。

兔子没有用“是”或“否”进行正面回答，而是说自己感冒了，从而使狮子的如意算盘落空。按照“排中律”的要求，兔子没有对两个矛盾的判断进行肯定或否定的回答，因此兔子没有违反“排中律”，这说明兔子是有智慧的。但是，我们赞赏兔子的智慧并不是提倡大家都找借口去回避是非问题，推卸责任。

在表达过程中，“排中律”要求人们必须有个明确的观点或意见，赞成或反对，应说清楚，不能含含糊糊。

在会议中，领导对大家说道：“今天，我们开会的目的就是让大家记住，我们公司接下来的发展从整体布局出发，但也不能片面地追求整体，细节也是很重要的，希望各个部门务必做好相关工作。”

显然，领导的这句话含糊不清，让大家不明白到底是抓整体还是抓细节。另外，句中的“相关工作”也没说清楚具体是什么，让人百思不得其解。上面那些模棱两可的话语正是逻辑谬误的一种真实表现形式，如果你用这类话与人交流，对方将很难明白你想要表达的意思。

罗布·肯德尔说：“无论会议有多么欢乐、鼓舞人心，除非有清楚的对话，否则任何事情都不会得到发展。必须做到三件事：清楚地知道要和谁，在什么时候，交付什么。如果任何一件缺失，期望行动的概率都将大幅度下降。持续地练习这个策略，你会发现效率的提升。这是小的改变，却有大的不同。”当然，这样的方法指导不仅适用于工作中，也适用于其他对话场合。

改掉使用歧义语句的不良习惯

歧义指一个词或句子有几种不同的意义。在逻辑表达中，如果某个词或某个句子在不同的意义上被使用，那么这个逻辑表达就犯了“歧义”的逻辑谬误。歧义容易造成误解。

歧义谬误是语言歧义导致无效推理的现象，是一种言辞谬误。歧义句是在理解上会产生两种可能但在当时语境中只取其中一种含义的句子。换句话说就是，某个句子可以这样理解也可以那样理解，但不确定究竟在表达哪种意思。

陈景润在福州英华中学读书时，有幸聆听了清华大学调来的一位很有学问的数学老师沈元讲课。有一次，沈元老师上课时讲到数论中有一道叫作哥德巴赫猜想的著名难题，很多数学家都想解开这道难题。老师讲到这里还打了一个有趣的比喻：数学是自然科学的皇后，数学的皇冠是数论，哥德巴赫猜想则是皇后王冠上的明珠！同学们听后都惊奇地睁大了双眼，从这个比喻中大家知道了哥德巴赫猜想的重要性和在数学中的地位。老师继续说道：“这道题非常难，要是谁能做出来，那可真是了不起啊！”很多同学嚷嚷道：“这没什么了不起的，我们可以做出来。”

第二天上课前，几位数学学得好的同学兴冲冲地跑到沈元老师面前，并递交了他们解答哥德巴赫猜想的答案。他们说：“老师，我们已经做出来了，能够证明那个伟大的猜想了，并且还可以从多方面证明它呢，其实这道题也不难。”

“你们算了！”沈元老师笑着说。“嗯，老师，我们算了。我们算出来了。”“你们算啦，好啦好啦，我是说你们就算了吧，白费这个力气做什么？假如你们真的能解答出来，那哥德巴赫猜想就不是世界上的难题了，也不会是皇冠上的明珠。我看你们是想骑着自行车到月球上旅行吧。”此时，同学们和老师一起哈哈笑起来。

从上面的案例中可以看出，沈老师和学生们都用了“算了”，但所表达的意思完全不同。沈老师说“算了”，意思是让学生别算这道题了，因为这道题太难了。而学生们说“算了”，是说他们已经解答出了这道难题。这几个同学把老师说的“算了”的意思领会错了，犯了歧义谬误。

比如，“电动车没锁”这句话就是一个歧义句，容易让人产生疑问：电动车是没有安装锁呢，还是电动车安装了锁，但没有锁上？因为“锁”这个字有两个意思：一个是动词，上锁的意思；一个是名词，锁头的意思。

“××昨天约我在‘我家’门口见面，结果我在‘我家’牛排馆门口等了他好久他都没来，还说我没到，真是恶人先告状。”实际上，××约的是对方的家门口，但是对方以为是在“我家牛排馆”门口，双方指的不是同一个地方。因此，这也是一个歧义句。

“之前××跟我说她最怕蜘蛛，昨天我化装成蜘蛛去吓她，她竟然一点都不怕，真会骗人。”××怕的可能不是蜘蛛的外形，而是蜘蛛这种生物。因此，假扮的蜘蛛不会让她感到害怕。在这样的情况下，说话者推理中的“蜘蛛”有两个含义：第一是蜘蛛这种生物，第二是蜘蛛这种外形。因此，说话者犯了歧义谬误。

歧义主要有以下几种类型。

（1）语义不明确造成的歧义。

“开刀的是她父亲。”

可理解为她父亲是开刀的外科医生，也可理解为她父亲有病，医生给他做了手术。

（2）结构关系不同造成的歧义。

“学生家长。”

可理解为并列关系，意为“学生和家长”，也可理解为偏正关系，意为“学生的家长”。

（3）词类不同造成的歧义。

“饭不热了。”

“热”是动词，即不用热饭了，凉的也可以吃；“热”是形容词，即饭凉了。

（4）词语含义多解造成的歧义。

“躺在床上没多久，他想起来了。”

可理解为“他要起床”，也可理解为“他想起了什么事”。

总之，在表达的过程中，我们要尽量避免使用具有歧义的语句，否则很难准确地表达自己的意图，令对方产生不必要的误解。

表述具体，避免对方进行过滤式解读

当你的表述模糊不清时，对方就会通过他自己的心理模式对你说出的话语进行过滤式解读。只有表述具体，才能让对方成功接收你所表达的意思。

很多时候，对方之所以没有听懂你的话语或要求，是因为你在表述的时候含含糊糊、不明确。你是否能清楚、具体地表述自己的要求，决定了是否能达成期望。

下面就是一个典型案例：

贝克是某城市的一位维护主管。一天早上，他要求手下的员工去市政厅“检查花圃”。这名员工去了，并在两个小时后回来了。

贝克问：“怎么样？”

员工回答：“挺好啊。”

第二天，贝克去市政厅办事情，当他路过花圃时，眼前的景象让他震惊不已。花圃中长满了高高的杂草，草坪上散落着周末举行大会留下的垃圾，有一个喷水装置还在漏水。贝克很生气，回到办公室便质问那位员工："昨天我让你去检查市政厅的花圃，可是，今天我去那里的时候看到一片狼藉……你到底怎么做的？"

员工回答："你让我检查花圃，我的确检查过了呀。我到处走了一遍，确保每个东西都'检查'过了。"

贝克问："用了两个小时？"

"是呀，如果你想让我割草，你就应该叫我去割草。如果你想让我打扫花圃，你就应该叫我去打扫。"

"真是让人头疼。"贝克为避免自己做出不恰当的冲动行为，说完就离开了办公室。

在上面的案例中，贝克自以为表达清楚了，而实际上是不清楚的，这样对方就会以自己的心理模式进行理解，导致两个人的信息不一致。贝克应尽量具体地表达出自己的要求，这是达成他的期望，避免双方产生语言冲突的基本原则。

值得提醒的是，为了搞清楚对方是否完全明白了自己的话，你需要确认他是否理解你了。同样的原则反过来也适用。你对于别人说的话的理解，也许和他想说的实际上并不相同。这句话被证明非常有效，而且说了也不会有什么损失："在你更进一步之前，让我先确认我是否理解了……"尤其是在会议的间隙，反复询问这个问题，就会发现对于之前说的话有很多不同的理解。在对话的过程中，确认理解度是一个基础而良好的行为。

用对比来说明，让对方更好懂

有的时候，一味地解释反而会让人感到困惑，而运用对比来说明，会在潜移默化中巧妙地表达你的观点。

利用对比来说明，是挽救对话危机的一种有效方法。无论是语言表达还是书面表达，对比都是展示不同的最好方法，在解释比较复杂的概念或解决棘手的沟通问题时，通过对比会使对方更容易理解。

齐威王和魏惠王在野外打猎，在休息聊天时，魏惠王问齐威王："你们齐国有什么奇珍异宝吗？"齐威王答道："没有。"魏惠王带着夸耀的口气，说道："虽然我们的国家不算太大，但有十枚直径为一寸的宝珠。这些宝珠能够把前后十二辆车子照得通亮。你们齐国乃堂堂大国，怎么连一件国宝都没有呢？真是遗憾啊！"

齐威王微笑着说："我对宝贝的看法和你的可不一样。我的大臣中有一位名叫檀子的，他恪尽职守，镇守南城，使楚国人不敢骚扰我国的南部；有一位名叫黔夫的，他驻守徐州，使得燕国人在徐州的北门、赵国人在徐州的西门祭祀求福，相随来投奔齐国的多达七千多家；还有一位名叫钟首的，他负责维护秩序，缉拿盗贼，使我国出现路不拾遗的太平景象；还有一位名叫盼子的，他守卫着高唐，使得赵国人不敢在黄河上打鱼。要说宝贝，这四位大臣都是齐国的国宝。他们所折射出来的光辉，连千里之外的地方都能照耀到，哪里是那十枚宝珠能比的呢？”魏惠王听了以后觉得非常惭愧。

上面的案例写的是齐威王和魏惠王在郊外会猎，两人对宝贝的不同看法。魏惠王以物为宝，并说“齐国乃堂堂大国，怎么连一件国宝都没有呢”。为了回答魏惠王这一刁钻的问题，齐威王并没有直接反驳对方，而是用齐国的四大功臣来与宝珠做对比，轻松表达便决出了胜负。同时，这一精彩对比也给魏惠王好好上了一课：人才是最大的财富。

有人问大哲学家亚里士多德：“你和平庸的人有什么不同的地方吗？”亚里士多德解释说：“他们活着就是为了吃饭，而我吃饭是为了活着。”

亚里士多德的话就是运用了对比，以讽刺的口吻强调了自己与平庸者之间的不同。假如亚里士多德只说“我吃饭是为了活着”，就达不到那样的语言效果。

那么，用对比来表达时，需要注意哪些方面呢？

1．明确对比点

明确对比点，可以保证对比的合理性。通常明确对比点包括两方面含义：第一，对比的双方要属于同一范畴；第二，对比的双方要表现出相反或相对的性质。

客户说：“你的这套化妆品五百多元，也太贵了吧！”

推销员说：“这还贵？一辆宝马汽车还一百多万呢。”（×）

2. 把熟悉的东西作为对比对象

是与非、贵与便宜、大与小，这些概念都是相对的，单说一个东西很大，很难给人真实准确的形象。但你如果把大家熟悉的东西作为对比对象，那就能很好地说明问题了。

3. 对比后要进行分析

对比是基础，分析才是关键。因此，对比后做出鲜明的分析和评价，并得出你的结论是很重要的步骤。

有人向德国著名画家门采尔诉苦：“我一天画一幅画，但是卖掉它却要等一年。”

门采尔认真地说道：“如果你一幅画画上一年，我保准你一天就能卖出去。”说完，他接着又解释道，要想出精品，就得花工夫去练习，要用心对待每一幅作品，绝不能只追求作品数量，而不追求作品质量。

门采尔在表达中使用了一个强烈的对比，并且在对比后又进行了解释，很清楚地说明了两者的利害。

锻炼好声音，表达更清晰

要做到清晰流利地表达自己的观点和思想，就要留心自己说话的声音，使说出的话如同音乐一般动听，应快时要快，应高昂时要高昂，应慢时要慢，应低沉时要低沉。

约翰·R.斯托克说："你就像一把乐器。你'演奏'或传达信息的方式，以及你的话音特点，会大大影响你的表达。话语的声音特点影响了三分之一以上的信息传达。"

彼得·迈尔斯教授说："在发言开始的时候，你的声音、你的眼神、你的面部表情以及你的音调都要胜过你的内容，因为在开始时听者就会做出是否要听下去的决定。我们提倡将二者相结合（思想和声音）。"

声音有三要素，包括声音的语速、语气和音量。

1. 语速

顾名思义，语速是说话的速度。大多数人的语速是150～200字/分钟，而大脑处理或听取话语的速度是600～800字/分钟。说话的速度可以很快，但对于关键的话，是不宜说得那么快的。

当人们说一些让人觉得不想听的话时，比如对绩效低的反馈，人们常会尽快说完。如果双方的对话很重要，你就要减慢说话的速度，以便让对方听清楚自己的意思，还可以使你给人以慎重的印象。

2. 语气

语气代表了我们心中充满的情绪，会在话语和想法的表达过程中体现出来。人们会根据一个人的语气来判断他是自信还是紧张，活力充沛还是灰心丧气，坚强还是脆弱，当机立断还是犹豫不定，大胆还是羞怯。毫无疑问，如果你的角色和语气存在某种冲突，人们都会相信你的声音所传递出来的信息，而几乎忽略话语中的内容。

比如，一位女士来向你问路，问你会议中心在哪里。你抓狂了："女士，你现在正站在会议中心的正前方！"如果用这样的语气，她在心中听见的是你并没有说的这句话："你这笨蛋！"如此一米，她可能会忍气吞声地离开，或对你不依不饶，找你的麻烦。

语气能有这么强大的力量，是因为它传达了我们对待别人的真实态度。因此，保证语气不出卖自己的办法是确保你所使用的语气和正在扮演的角色和谐一致。

3. 音量

对比下面两种表达方式，哪种表达效果会更好呢？

"听着！我已经尽我所能了，平静一下，好吗？"（×）

"听我说，一切都会好起来的。"（√）

这两种表达方式所达到的效果大相径庭。第二个表达效果好，第一个会起到相反的作用。因为表达时音量越大，表现的情绪就越强烈。表现的情绪越强烈，被对方理解的意思就会越少，所接受的程度也就越低。因此，柔化声音将有利于吸引对方的注意和强调部分词语或想法。

当然，你的声音需要打造和锻炼。当你锻炼了你的声音来表达时，别人就能更容易理解你所表达的内容了。你可以在空余时间有意识地锻炼自己的声音，让其在具体的环境中听起来更加真实。

运用肢体语言，充分表达你的意思

语言由两种形式构成，一种是有声语言，一种是肢体语言。在你的表达中有55%的信息是通过肢体语言表达出来的，因此，学会运用它将有利于更清楚地进行表达。假如你的肢体语言与你表达的信息不一致，对方将会不相信你说的话。

美国著名的心理学教授阿尔伯特·梅拉宾在1971年提出了一个沟通法则：在沟通过程中，人们通过三种方式来体现他们的看法。其中93%的沟通是通过非语言行为和语气进行的（55%体现在肢体语言中，38%体现在语气中），7%是通过话语措辞进行的。这就是著名的“93/7法则”。

人类的动作、表情是本能产生的，每个人平时说话都会不自觉地做出某些表情或动作，这更易于沟通的顺利进行。

因此，在表达的过程中，你必须给这种无声的肢体语言以应有的关注。如果能恰到好处地运用肢体语言，就能使你的表达更具有感情、更完整。

奥巴马的演讲语言十分严谨、简洁大方，能够让听众很容易明白他的观点。此外，生活中奥巴马的语言也通俗易懂，但是不缺乏逻辑性。因为他懂得在说话时运用肢体语言进行补充，充分表达自己的意图。

一次，奥巴马带着夫人米歇尔一起参加一个家庭宴会。到跳舞的时间，奥巴马走到宴会主人面前，举起香槟对他说："今天是我和米歇尔的一个特殊的日子，希望你能播放一首特殊的音乐，好吗？"说完，奥巴马指着远处正在开心聊天的米歇尔，对宴会主人眨了一下眼睛。

宴会主人很快明白了奥巴马的意思，立马播放了一首温柔浪漫的爱情舞曲。伴随着浪漫的音乐，人们看到奥巴马牵着米歇尔的手走到舞台中间。原来，那天是奥巴马和米歇尔认识22周年纪念日。

在上面的案例中，奥巴马的做法十分恰当，他仅用一句话和一个简单的"眨眼睛"动作，就准确地向宴会主人表达了自己的意图，给米歇尔制造了一个小小的惊喜。假如奥巴马没有使用"眨眼睛"这一动作，恐怕仅凭"特殊日子"这个描述，对方很难准确地理解奥巴马的话。

肢体语言是一种奇妙的表达方式，任何一个身体部位、任何一个细小的动作，都能表达出某种令人意想不到的意思。下面我们来看看各种具体的肢体语言所传达的意思，以便你能更好地运用它，为自己的表达加分。

1. 目光接触

一般来说，你与对方有目光接触，意味着你比较坦诚，对对方所说的话感兴趣。说话时不看着对方通常会被对方视为对他不尊重。

2. 手势

（1）托盘式手势。双肘支撑在桌面上，两只手搭在一起，把下巴放在手上做出托盘的姿势，这表明你对对方的话感兴趣。

（2）当人们说心里话时，会有意识或无意识地平摊开双手给对方看，这个动作使人觉得说话者要讲真话。

（3）有力的握手表示坚定和有信心。手心垂直相握可以建立起自觉的信任，而手心互不相碰、只有手指相互钩住的无力握手通常表明虚弱、无兴趣或不信任。

3. 点头

点头指快速地向前低头，是同意、致意或命令等的表示。在一般的场合中，点头表示肯定和赞赏，还可以表示同意、鼓励等。通常，每次做这个动作时以三次为宜。

4. 姿势

姿势是指一个人的体态。姿势可以暗示喜欢或不喜欢。靠近通常表示对别人所说的话感兴趣，拉远距离通常意味着你对别人所说的话不感兴趣。

5. 嘴型

嘴唇有各种不同形态的呈现方式。不同的嘴型和动作，往往能够反映不同的心理状态和情绪。比如，不经意的噘嘴通常表示生气或不满意，故意为之的噘嘴则表现出可爱，嘴巴抿成一条缝的人一般意志坚定，嘴角上扬的人往往心胸宽广。

6. 双手按住膝盖

双手按住膝盖这一动作，说明的是起身的意图，正准备离开。与人交谈的时候，如果你想抽身离开，可以做出类似“起跑姿势”。这比直接说“我不想听你说话了”要好很多。

善用数字，更好地展现你的逻辑想法

表达的目的是展示你的想法，并让别人认识到你的想法是令人信服的、可靠的、有确实根据的。事实往往胜于雄辩，数据是最有力的事实。

数据是可以量化和长久保存的，并且数据往往具有不容置疑的力量。在表达观点的时候，谁掌握具体确凿的数据，谁就更接近真理。利用数据会使你的表达更具有渗透力，别人对你传达的信息也更感兴趣。

数字简单明了，能够让人对复杂的事物很快有一个直观的认识；另外，数字具有科学的严谨性，所以对方听到数字，并不会深究和怀疑它。尤其是当数字被用来做对比时，其产生的清晰对比度和震撼力更是无可比拟的。

一次，当拿破仑按照惯例检阅军队时，一位指挥官跑到拿破仑跟前，口齿清晰地报告："报告将军，本部已全部集合完毕。本部官兵应到3444人，实到3438人。请您检阅。"

拿破仑听后，非常满意地点点头，说："很好。"然后又回过头对他的副官说："把这位指挥官的名字记下来，他能把数字记得如此准确清晰，我们就应该重用他。以后，所有人都要学习他的做法，在向我汇报时尽量用精确的数字说话，不要用'大概''可能''也许''差不多'这样的词。"

这位指挥官能够很快得到拿破仑将军的好感，关键在于他能精确无误地说出具体的人数。

数据的精确性不可或缺。正如一家企业的员工手册里所说的：如果能用带有两位小数的数字说明问题，那就尽可能不要用整数；如果能用精确的数字说明问题，那最好不要用一个模模糊糊的约数来应付别人。否则别人会感觉你说话的时候支支吾吾、含糊不清，从而心生疑虑。

另外，使用数据也是需要技巧的。如果使用不当，同样会造成极为不利的后果。具体需要注意以下几个方面。

（1）数据要真实和准确。如果表达者所使用的数据不够真实和准确，那数据也就失去了它原本的意义。对方一旦发现你所列的数据有错误，那对方就会认为你是在欺骗他。此外，数据是不断变化的，你要根据数据的变化而不断更新。

（2）所使用的数据最好与一些具有较大影响力的人或事件相关。

（3）恰当地使用数据，可以很好地说明你所表达的观点。但是，滥用数据容易产生相反的效果。因此，使用数据一定要适可而止。

▷延伸阅读：吐字清晰、发音准确

清楚表达就是要发音准确、吐字清晰。只有发音准确无误、吐字清晰，才能字正腔圆。那么，怎样才能做到发音准确、吐字清晰呢？

每个字都是由一个音节组成的，而一个音节又可以分成字头、字腹、字尾三部分。

字头：有一句话叫“咬字千斤重，听者自动容”，因此你在发音时，一定要咬住字头，这时嘴唇一定要有力，发音的力量放在字头上，利用字头带响字腹与字尾。

字腹：字腹的发音要充实、饱满，口形要正确。发出来的声音应是立着的，而不是横着的；应是圆的，而不是扁的。假如你处理不好，就容易使发出的音听着塌、扁、不圆润。

字尾：字尾主要是归音。归音要到位、完整，也就是不要发半截子音，当然也不能把字尾音拖得过长。

可用以下几种方法进行训练。

1. 速读法

速读法是一种通过锻炼使语音准确、吐字清晰的有效方法，这是因为快速读能练习咬字清晰度、发音准确度，而且关键是能练习思维的敏捷度和反应的快速度。

速读法的优点是不受时间、地点的约束，无论何时、何地，只要手头有一篇文章就可以练习，而且还不受人员的限制，不需要别人的配合，一个人就可以独立完成。当然，你也可以找熟悉的人听你的速读练习，让他帮助你挑出速读中出现的错误。比如：哪个字发音不够准确，哪个地方吐字还不清晰，等等。这样更有利于你有目的地进行纠正、学习。你还可以把你的速读录下来，然后自己听一听，从中找出不足，进行改进。如果有专业人士指导，效果就更好了。

2. 正音练习

正音练习就是根据普通话的读音标准，校正自己的地方音和习惯音。正音练习包括很多内容，主要包括：平舌音和翘舌音练习、鼻音和边音练习、送气音和不送气音练习、前鼻音和后鼻音练习等。

3. 到位练习

到位练习，即口形和发音器官操作到位的练习。韵母在形成口形时作用最大，说话中的每一个音节都离不开韵母。在说话时，有的人为了省事，嘴巴没张到应有的程度，或齿、舌、鼻、喉、声带等部分不够协调，于是就发生"吃字""隐字""丢音"或含混不清、音量过小、吐字不准等现象。比如，有人将"政治家"读成"整治家""针织家"，将"公安局"读成"官局"，等等。总之，由于发音不到位，便会造成歧义、误解，不能准确地表情达意。

4. 绕口令练习

选择一些绕口令，由慢到快反复练习。比如：

（1）坡上立着一只鹅，坡下就是一条河。宽宽的河，肥肥的鹅，鹅要过河，河要渡鹅，不知是鹅过河，还是河渡鹅。

（2）扁担长，板凳宽，扁担没有板凳宽，板凳没有扁担长。扁担绑在板凳上，板凳不让扁担绑在板凳上。

（3）八百标兵奔北坡，北坡炮兵并排跑，炮兵怕把标兵碰，标兵怕碰炮兵炮。

（4）老罗拉了一车梨，老李拉了一车栗。老罗人称大力罗，老李人称李大力。老罗拉梨做梨酒，老李拉栗去换梨。

（5）北边来了他二大伯子家的二奔拉尾巴耳朵狗。

（6）六十六岁刘老六，修了六十六座走马楼，楼上摆了六十六瓶苏合油，门前栽了六十六棵垂杨柳，柳上拴了六十六个大马猴。忽然一阵狂风起，吹倒了六十六座走马楼，打翻了六十六瓶苏合油，压倒了六十六棵垂杨柳，吓跑了六十六个大马猴，气死了六十六岁刘老六。

（7）这天天下雨，体育局穿绿雨衣的女小吕，去找穿绿运动衣的女老李。穿绿雨衣的女小吕，没找到穿绿运动衣的女老李，穿绿运动衣的女老李，也没见着穿绿雨衣的女小吕。

（8）杨家养了一只羊，蒋家修了一道墙。杨家的羊撞倒了蒋家的墙，蒋家的墙压死了杨家的羊。杨家要蒋家赔杨家的羊，蒋家要杨家赔蒋家的墙。

5. 读句训练

读句训练，就是选择一些有一定难度的语句、段落，进行快读训练。要求做到把音读准，不增减字、词，不重不断，停顿自然，有节奏，连贯流畅。目的是使说话时能表达清晰，出口成章，不拖泥带水，逐渐减少习惯性的口头语，直至完全消除。

第四章

三点式结构，纠正杂乱无章的表达

有的人虽然健谈，但说话总说不到点子上，经常给人一种不知所云的感觉。这会容易让对方中止谈话，不愿意再和你沟通下去。

一个清晰的表达结构能帮助我们整理杂乱无章的信息并输出，听众就会很容易理解你要表达什么。这个表达结构就是“三点式结构”，它能让你的遣词造句更加条理分明、逻辑严谨，让对方一听就懂。当然，即使你有很多点要表达，也要总结出最重要的三个点，而最好不要说出五个点或七个点，甚至更多点。

跳跃式思维，让对方听不明白你的意思

跳跃式思维是一种杂乱的思维方式。你说话时常出现语言不连贯的现象，别人听后会觉得“你说话没有条理性”，那么他自然也听不明白你的意思了。

有跳跃式思维的人虽然在想的时候很有条理，但如果表达不连贯，也会被人认为“说话没有逻辑”。也就是说，如果说话时没有一定的逻辑，那么别人就会认为你说话“没有条理”。

逻辑性语言有三个重点：结论、理由、结论和理由相联系。因此，要避免下面几种常犯的跳跃性思维表达。

1. 只有结论的表达

根据以往的经验得出一个结论时，你如果不对其进行说明，那么对方就很难认同。比如：

“以我多年的经验来看，明天很可能会下雨。”（×）

“以我多年的经验来看，明天很可能会下雨。因为……”（√）

又如，在工作中也有很多只说结论的表达：

问："小军，这个工作你能帮我一下吗？"

答1："抱歉，我没法帮你。"（×）

答2："抱歉，我没法帮你，主要是因为有个紧急货物必须马上送到客户那里。"（√）

2. 没有结论的表达

在工作中，有不少员工向领导报告时，只说情况没有说结论。员工没有整理好自己的思绪，把现状原原本本地告诉领导，下意识地想要领导给出判断或结论。比如：

"我们的合作方提出要求，想要变更签合同的时间。"（×）

这时，领导会猜测"他想要我告诉他我的时间安排吧"。当然，这种猜测还不会产生太大的误会。下面的表达就让人难以理解了：

"经理，工厂打来电话说原本明天要送到客户那里的书来不及出货了。"（×）

这时，领导可能不知道你想表达什么。从上面的表达猜测，结论可能是"经理，你能和我一起去客户那里道歉吗"，或"经理，麻烦你去工厂交涉一下"，或"我马上去客户那里道歉"，或"我现在马上去工厂进行交涉”。

不说结论而让对方去思考，说话的人比较轻松，但是对方的理解并不一定如你所愿。

3. 理由和结论没有联系的表达

先来看一组句子：

“领导已经知道这件事情了。”（理由）

“请提前告诉领导这件事情。”（结论）

很显然，理由和结论之间没有联系。

“领导已经知道这件事情了。”（理由）

“可以不用告诉领导这件事情了。”（结论）

在下面的这组表达中，两句之间就联系起来了。为了让结论和理由很好地联系起来，说话时意思一定要表达清楚，不让对方感到困惑。

连接理由和结论的方法有一定的规律。通常，当你阐述内容的时候，如果能有意识地用到“因为”“所以”这样的连词，就能轻而易举地进行逻辑性说明。

向对方预告要点，三点就足够

预告即将要表达的要点，三点就足够了，这样做可以让对方第一时间明白你表达的重点，也可以给自己一个清晰的表达方向。

人的记忆力是有限的。如果把一堆信息无序地表达出来，人们的大脑就会一片混乱，不能记下来；如果将语言进行整理，即使有很多内容，也会使人在理解的基础上记忆。

心理学家乔治·米勒于1956年发表的一篇文章中指出，人类大脑一次性无法同时记住七个以上的项目，三个是最合适的。彼得·迈尔斯教授也指出："我们要求你严格将中间部分的讲话归纳为三个要点，即使你确定至少有十七个要点需要阐述也是如此。为什么是三个呢？三是个广泛使用的数字。坦率地说，人们想要处理的事情是三类，容易学习和记住的事情也是三类。"

这就是为什么当人们面对杂乱无章的一堆信息时，容易感到困惑，而将它们进行归类分组后，人们就能轻轻松松地记住了。比如：

表达一："我要说的有三点，第一点是……此外，还有……这是我说的第二点。除此之外，我要说的第三点是……”

表达二：“我要说的有三点，第一点是……第二点是……第三点是……”

向对方预告的三要点，可以分为两种不同的情况：一种是平行结构，另一种是递进结构。

1. 平行结构

三个要点之间是平行关系。比如：

“接下来，我会从三个方面总结一下今年的情况。第一是销售方面，第二是业务方面，第三是公司团队建设方面。”

2. 递进结构

三个要点之间是递进关系。比如：

“整理课堂笔记的重要性有三点。第一点可以有效调动你在课堂上的注意力，第二点可以帮助你掌握老师当时讲的知识点，第三点是在此基础上可以于课后加深印象。”

在说话之前，你心里要对即将说出的内容进行一个全盘的规划。确定自己说话的目的、想要表达的结论、希望达到什么样的效果，在整体把握后组织语言和明确三个要点，这样就可以让你的表达变得更加清晰而有逻辑，也让对方更加放心地投入谈话中。

从三个角度列案例，让对方有章可循

表达时，要将难懂的事情用简单的语言说出来，常常需要举例。通常，在表达一个观点时，使用恰当的例子会使你的表达更加生动易懂，也更加能够佐证你所说的观点。

只讲道理而不举例子，这样表达水平是不会高的。不举例子会让你的表达显得单薄，有事实依据才更能影响别人。

第二次世界大战期间，为了赶在德国之前制造出原子弹，美国总统罗斯福的私人顾问萨克斯受爱因斯坦等人的委托，带着爱因斯坦的信件去劝说罗斯福下令研究原子弹。尽管萨克斯费尽了口舌，百般陈述其利害，罗斯福仍然没有什么反应，表现得十分冷淡。该怎样说服总统呢？萨克斯想来想去，终于想到了一个好主意。

第二天，他们一起吃早餐的时候，罗斯福对萨克斯说："今天不许再谈爱因斯坦的信，一句也不许谈，明白吗？"萨克斯看了一眼总统，笑着说："那么我就谈一点历史吧。拿破仑当年横扫欧洲大陆，却唯独在英国人那里吃了亏，您知道是为什么吗？"

罗斯福饶有兴致地看着他，示意他继续说下去。萨克斯明白机会来了，于是说道："英法战争期间，拿破仑在海上屡战屡败。这时，一个叫富尔顿的小伙子建议拿破仑将法国战舰的桅杆砍断，撤去风帆，把木板换成钢板，再装上蒸汽机，以此提高海军的战斗力。不料拿破仑根本不懂这些东西，一气之下把富尔顿当成疯子轰了出去。后来历史学家认为正是由于拿破仑没有采纳富尔顿的建议，英国才幸免于难。"

说到这里，萨克斯停顿了一下，这时罗斯福的神色开始凝重起来。萨克斯趁热打铁，说道："总统先生，如果当时拿破仑接受了富尔顿的建议，也许十九世纪欧洲的历史就要重写了。"

听完后，罗斯福沉思了几分钟，最后说道："你胜利了，我绝不做第二个拿破仑。"

说服总统同意研究原子弹是一件很难的事情。开始时，萨克斯只陈述了其利害，并没有打动总统。而当总统听了萨克斯列举的案例时，他心动了，终于同意了研究原子弹。这就是列举案例进行表达的重要意义。

当然，你在列举案例时也没有必要次次都引经据典，自己的亲身经历、美好回忆等都属于举例的材料。那么，怎样举例才能令表达效果更好呢？

你可以从不同角度，尝试列举三类案例：相同点、不同点和对立点。相同点的多少决定了对方对你言论的接受程度，不同点是让对方清楚地看到不同案例之间的差异，对立点是案例与你讲述的内容截然相反。

另外，选择这三类案例时要注意以下几点：

（1）案例要与所说明的问题主题一致，不能似是而非，更不能张冠李戴，否则就起不到说明的作用。

（2）案例要尽量典型、有影响力和代表性，以增强逻辑表达的效果。

（3）案例要通俗易懂、深入浅出，让人感觉有可信度。

“发现”的三要点，刺激听众发现演讲要点

在演讲的场合，其主体部分需要你提供听众想要知道的知识，而不需要你的陈旧数据，或你想说的任何事情。我们称演讲的主体部分为“发现”。

我们之所以称演讲的主体部分为“发现”，是因为你将要说出自己的见解以刺激听众主动发现些什么，而不是强制性地将信息灌输到他们的大脑中。发现可能很简单，比如，一些人终于弄明白了一个一直令他们困惑的问题。

彼得·迈尔斯教授说道：“无论你要说什么，无论你说的内容多么复杂，都要创造三要点。人们在短短十五分钟的谈话里，不可能弄清楚有七个或十二个要点的演讲结构。向听众以及你自己说明三要点，听众和你都能清楚地知道演讲内容。”因此，我们将发现部分浓缩为发现的三要点。

富兰克林·德拉诺·罗斯福的一次演讲就是一个典型的例子：

朋友们，我想花几分钟时间同美国人民谈谈银行的情况。只有很

少一部分人了解银行的运行机制，而绝大多数人把银行当作存款和取款的地方。我要告诉大家，过去这些天我们都做了些什么，为什么要做这些事情，以及我们下一步的计划。

在他的演讲中，你可以发现三个点：（1）过去这些天我们都做了些什么；（2）为什么要做这些事情；（3）我们下一步的计划。

然后，你可以将所有的内容，如数据、信息、故事、统计结果、引言、图标等都放到这三个要点中。这样三要点就为你的演讲内容提供了一种结构体系。

一次产品推销会上，一位产品推销人员这样介绍自己的产品：

大家好！首先，我要感谢一下主办方，能让我有这样一个展示公司产品的机会。其次，要感谢现场的观众，是你们的热情让我有信心站在这个舞台上和大家一起分享我们的产品。大家知道，我们公司生产的手机之所以一直受到广大用户的青睐，是因为我们的产品质量有保障、服务最到位、价格最优惠。下面我为大家详细解释一下。

第一，质量有保障。我们公司采用的是德国进口的精密仪器、上好的制作材料，并采用科学化的管理体系，严格按照质量管理体系标准执行，所以坚实耐用是我们手机的一大特点。

第二，服务最到位。很多消费者怕购买了产品后售后服务不到位，对于这一点，大家完全不用担心，因为我们公司的售后点遍布全国，哪怕是在一个小小的县城，也会有热情的服务人员接待您。

第三，价格最优惠。“好用又不贵”是我们做手机产品的重要理念之一。虽然我们的产品质量和服务都是一流的，但是我们的价格不是最贵的。我们始终坚信只有质优价廉的产品才是客户最需要的产品。

……

上述案例中，在产品推销会上，在场的听众可能想知道产品的质量、服务和价格。而这位推销人员恰恰就是从这三点出发，抓住了听众的内心，然后详细讲述了这三点。记住，无论你需要介绍多少内容，主要点都不要超过三个。

总之，在演讲场合，你要把所有你想要说的内容压缩为三点，然后在这三点中填充你的案例及其他说明。这样演讲的主题才更能让听众听得明白，理解得更透彻。

▷延伸阅读：遇事不慌，条理更清晰

越是在危急时刻越要冷静沉着，说话的时候越要理清思路，组织好语言，用有逻辑、有条理的表达方式去表达自己的想法和意见，千万不要失了主张和方寸。

晋文公是春秋时期晋国的第二十二任君主，他文治武功卓著，与齐桓公并称“齐桓晋文”。

平日里晋文公非常喜欢吃烤肉。一天，御厨给晋文公精心制作了一盘烤肉。晋文公正准备大快朵颐时，却发现烤肉上竟然有一根长头发。他非常恼火，于是命人将做烤肉的御厨绑了过来，要治他的大不敬之罪。

御厨并没有为自己喊冤，而是跪下来，镇定地对晋文公说：“如果大王要治我的大不敬之罪，那么也请一并治我另外三条大罪吧！”

“你还犯了哪三条大罪？”晋文公听后一愣。

御厨不紧不慢地说：“第一条大罪，我把切肉的刀磨得锋利无比，却没能切断这根头发；第二条大罪，我把肉丁一个个串到竹签上，却没有发现肉上有这根头发；第三条大罪，我把炉火烧得无比旺盛，却没能烧断这根头发。这三条罪状足以让大王治我的罪！正是因为我的这三点疏忽，才让烤肉上有头发，令大王受到了侮辱，所以我犯的罪过是不可饶恕的。”

晋文公听后，气已消了一大半。冷静地想了几分钟后，晋文公随即清醒了过来：“你的意思是，有人故意栽赃你？”

后来经过严查，终于找到了陷害御厨的真凶：原来有一个厨师非常嫉妒御厨，想顶替他的位置，就想出这个办法陷害他。这个厨师在晋文公面前吓得手脚发抖，立刻承认了自己的罪状。最后，晋文公不但没有怪罪御厨，还下令嘉奖了他。

在危急关头，御厨的冷静机智救了他一命，而他在危急关头清晰的逻辑和有条理的语言表达更让晋文公欣赏和佩服。假如御厨一听晋文公要治他的罪就大喊“冤枉”，盛怒之下的晋文公或许不但不听他的辩解，还会认为他在狡辩而更加愤怒。

因此，越是在混乱的情景下，越要镇静，稳定情绪，采取并列式或递进式的方式罗列观点，让说出的话更有条理、有逻辑。

约翰·R.斯托克说：“消极的想法会造成消极的情绪。当我们的心中充满消极情绪的时候，它们就会溢出来牵连别人。然后，这些消极情绪最终会将别人推离我们，或使别人产生同样强烈的情绪。此时，我们面临的挑战就变成了，在试图开展对话之前，我们如何摆脱情绪化的能量。”

因此，这就要求你学会控制自己的情绪，试着让自己的心情平静下来，这样才能从容镇定地组织语言、表达思想。

第五章

主次分明，对方更能理解你的逻辑重点

刘墉说：“说话，最大的艺术就在同一句话你怎么说。哪件事先说，哪件事后说。尤其重要的是，你要知道如何说到重点。”这反映在逻辑表达中，就是要求说话要有主次、有顺序。如果说话的时候不能准确地把握其中的逻辑顺序，就会让事情越来越复杂；反之，则能让复杂的事情在瞬间明朗起来。

表达没重点，没人会欣赏你

假如你说的话是一些不着边际、没有重点的冗词赘句，那就连一句有根有据的话都抵不上，双方的沟通也不会高效。

人们总是希望把自己知道的一切都告诉对方，因此经常没说清楚重点，令对方听得稀里糊涂，听不明白重点在哪里，最后可能会勉强听下去或直接岔开话题。

陈鑫经常拍一些好看的照片发到微信朋友圈，一次偶然谈话中，王莉和陈鑫聊到这个话题。

王莉："最近看到你经常用相机拍一些好看的照片，你的相机是什么品牌的呢？"

陈鑫："其实，相机的品牌并不多，很多品牌都集中在日本，如佳能、尼康、松下、索尼、奥林巴斯，德国的徕卡也很出名……"

王莉："哦，那你的相机是多少钱买的？"

陈鑫："都说电子产品换新不换旧，我可不这么看，新有新的道理，旧有旧的好处。我这个相机虽然是二手的，但是买回来跟新的几乎一样，还省了不少钱……"

在上面的案例中，王莉只不过是想问两个问题罢了：对方的相机是什么品牌的，多少钱买的。可陈鑫总是说不到重点上，使王莉听得晕晕乎乎的。

我们知道动物在脊椎受到重伤的时候，其神经中枢与身体的其他部位的信息传输就会被阻碍，对于动物来说这是致命的打击。所以我们常常用"打蛇打七寸"来比喻表达要说重点。掌握核心并分清主次，不仅能使对方容易理解，还能增强沟通的有效性。

你说话的重点就是你要传达的信息，将其用容易记住的一个短语或句子表达出来，这不是简化你的谈话，而是将你的想法进行提炼和说明，使之成为一个简单的关键要点。不求悦耳动听，只要清晰即可。你要运用最直接、最强有力的语言去表达。比如：

"如果我们要抓住这次机会，必须在接下来的30天内不断跟进。"（√）

"我们要负全责。"（√）

"我们需要对预算支出进行更严格的控制。"（√）

开口之前养成提炼要点的习惯，这是很好的练习方式。在很多情况下，人们会问："你的表达要点是什么？""你想说的是什么？"如果你不能当场简洁、清晰地回答这一问题，那么，表达效果可能会因此打折扣。

解释一个提案，越快越好

你的领导很忙，假如你用十几分钟的时间去展示一个提案，在大多数情况下是不会通过的。你需要在最短时间内，用一句话讲出提案的诉求，并讲出最大的优点和缺点，这样对方就会很快明白。同时，提案中要有引起对方兴趣的一句话。

你听过麦肯锡的“30秒电梯演讲”吗？它来源于麦肯锡公司一次惨痛的教训：该公司曾经为一家重要客户做咨询。咨询结束时，麦肯锡的项目负责人在电梯间遇见了对方的董事长，该董事长问麦肯锡的项目负责人：“你能不能说一下现在的结果呢？”由于麦肯锡的项目负责人没有准备，并且即使准备了，也很难在电梯从30层到1层的30秒内把结果说清楚。最终，麦肯锡失去了这一重要客户。

经过这次的经验教训，麦肯锡要求员工在最短的时间内把结果表达清楚。麦肯锡通过“30秒电梯演讲”培养员工的表达能力，就是要员工掌握精准表达的技巧。

无论你在哪个行业，当你给领导提出一个方案时，都要像麦肯锡“30秒电梯演讲”一样，在最短的时间内说出你最重要的那句话。但你需要掌握在短时间内引起对方兴趣的技巧，这会大大提高你的成功概率。那么，具体需要掌握哪些技巧呢？

1. 搞清楚对方的诉求

搞清楚对方的诉求是提案的前提。“诉求”与“主旨”“纲要”“主题”这些名词的意义是不相同的。你的提案诉求可以用一句话来表示，但这句话需要注意两点：一是要放入关键字，二是要用这一句话完全表达出自己想说的意思。另外，让看到或听到这句话的人动心也很重要。

能一下想到符合上述条件的一句话并不容易。这需要你反复思考、浓缩整理，因此你需要先在纸上多写几个备案。

2. 清楚说明优点和缺点

解释提案时要指出最大的优点和缺点。这里的缺点也可以换成风险或成本。只要你告诉对方你已经确实考虑过这些缺点，自然能缩短讨论时间。

但是，同时介绍优点和缺点并不是最好的方法。如果你以为列一大堆优点和缺点，提案就会通过，那就大错特错了，因为问题不在于数量，而在于你的条理性。你可以把最大的优点和最大的缺点放在一起说，然后再追加说明：“这个最大缺点，只要这样处理就很不错。”

最后，千万不要去解释一个不知道缺点的提案，因为严格地说，一个提案几乎不可能“只好不坏”。

提问抓关键，让问题更有价值

提问是最重要的沟通方式之一，尤其是当你困惑的时候，更该通过提问来寻找答案。假如你提问无效或抓不到关键，双方的沟通就很难进行下去。

著名物理学家爱因斯坦曾说："提出一个问题比解决一个问题更重要。"但是提出一个好问题并不容易，在实际生活中，我们经常听到一些提问受挫的人的埋怨："对方也太难沟通了，问三句答一句。"

其实，这些人只是在为自己找借口罢了，这样的人通常会把责任归咎于他人，自己则不能清楚地认识到问题的关键所在，进而提出的问题也是模模糊糊的，获得的回答当然也是模糊回答。

有一个年轻人想买一辆汽车，但是因为自己存的钱不够，想要向爸爸借一些。于是，这位年轻人对爸爸说："爸爸，我想要买一辆车，但是还差一些钱，您能借我点儿吗？"

爸爸："驾照考试考过了吗？"

年轻人："过了，驾驶证已经到手了。"

爸爸：“为什么你要买车？”

年轻人：“公交车太挤，开车上班更方便。”

爸爸：“你刚上班，钱挣得也不多，买车的事先缓缓。我可以送你上班，或者你开我的车。”

年轻人：“我不想开你的车，又旧又笨重，还很费油。”

爸爸：“车是老了点儿，但起码也可以代步吧？”

年轻人：“可以是可以，但是开出去……”

爸爸：“怎么，开我的车还怕给你丢面子？”

不一会儿，父子两人因为买新车的事而吵起了架。

这位年轻人只是想向自己的父亲借一些钱，最后却由“借钱”跑到了“面子”问题上。这是因为这位年轻人从始至终都没有抓住问题的关键——“借钱”，而是一直被父亲牵着鼻子走，最后只能和父亲吵起来。如果这位年轻人能以“借钱”为出发点去提问，比如问：“爸爸，您能借给我10万块钱吗？”这时，如果父亲因为数目过大而拒绝，儿子便能讨价还价，最后借到钱。

那么，如何抓住提问的关键呢？让我们来看下面这个案例：

一位游戏软件推销员去推销游戏软件，待对方一开门，他就说道：“您好，先生，这是我们公司最新的游戏软件，里面集合了经典游戏和当下最流行的游戏，您需要看一下吗？”

客户说：“我都多大的人了，还要玩什么游戏，不看不看。”

这位推销员碰了一鼻子灰，回去了。

过了几天，又有一个游戏软件推销员去推销游戏软件："您好，这是……"还没等到他说完，客户就打断了他的话："不需要不需要，我这个年纪不玩游戏，你请走吧。"

这位推销员听后，并没有走，而是问了句："您的孩子现在上幼儿园吧？"

"是的，已经上大班了。"

"幼儿园阶段正是开发孩子智力的重要时期，这些游戏能锻炼您孩子的思维能力。"说着推销员给客户演示了起来。

客户看完后，有一点心动了，不过还是有点犹豫。推销员接着说："现在是互联网时代，孩子学习也不能仅仅限于书本上的知识，而是要与时俱进，您认为呢？"

客户听完后点了点头，最后买下了这款游戏软件。

第一位推销员大肆推介自己的游戏软件，并没有找到问题的关键所在，因此推销没有成功；而第二位推销员则找到了问题的关键所在，比如游戏可以开发孩子智力，教育孩子不能局限于书本上的知识等，最后交易成功。

因此，要想抓住问题的关键，就是把提问的目标和对方的需求联系起来。在提问时，你要善于寻找对方的需求，并根据其需求来提问，这样才能提问到点子上。

那么，提问时如何才能找到对方的需求呢？

第一，提问前要注意对方回答的关键词。当然，想要找到对方的关键词前提是善于倾听。第二，当你无法找出对方回答的关键时，可以有礼貌地使用反问，让对方提供进一步的信息。第三，有时，对方的回答很难让人明白，甚至他都不知道自己在说什么，这时可以问对方“为什么”。

善用金字塔原理，批评不必重锤敲

在对话中批评属于尖锐的行为，会引发对方的负面情绪，使对话气氛变得紧张。那么，怎样批评才能获得良好的效果呢?

你是否有过这种体验：你的同事或朋友喊了你的名字，接着便是一顿批评，而你听完之后却一头雾水，完全不知道对方在说什么。假如你是脾气好的人，你可能会一点一点耐心地帮对方梳理清楚，弄明白他在说什么；假如你的脾气有些不好，你可能会生气地说一句：“你到底想说什么？能不能说重点？”

那么，如果你是那位同事或朋友，如何才能避免上述的不当表达呢？

你可以先谈结果，再谈原因。这就是金字塔原理所注重的，它是有层次性、结构化的思考。我们可以借鉴金字塔原理来表达你想说的话，尤其在批评的过程中，更要注重语言组织的层次性和结构化。

先谈结果的好处是，开门见山，简明扼要，节省时间和资源。结果的好与坏，都能让对方心中有数，知道事情发展的方向。再谈原因，就可以做出详细的分析，讲究逻辑性、推理性，让对方逐步明白是什么样的原因导致了开头所说的结果。假如是错误的结果，那么怎样避免再次发生，或这些原因可以让对方心服口服。

某家公司新招聘了一名据说能力很强的经理。刚开始大家都比较紧张，没有人敢迟到或早退，也没人敢偷懒，因为新官上任三把火，每个人都生怕遭到严厉的批评。

一个月过去了，大家通过对新经理的观察，看到他并不像同事们心中想的那样严厉。他对人十分和气，脾气也很好，也很少开会。慢慢地，大家放下了戒备心理，恢复了以前松散的工作状态：上班吃东西、聊天、工作不认真等。

经理在第一个季度结束的时候，开了一次全体会议。在会议上经理开门见山，对工作中违反公司规定和不认真完成工作任务的员工进行了点名批评，并扣罚了季度奖金。这一举动让这些员工哑口无言。自此以后，被批评过的员工都自觉地改正了自己的不足，工作时也变得踏踏实实了。

上面案例中的经理运用了金字塔原理，经过一段时期的观察，先说结果，再说大家挨批的原因，让大家自觉地改正自己工作中的不足。假如经理在一开始就严厉地批评下属，其批评效果就比较差了，也不容易树立威信。

另外，在批评对方时，切忌情绪化，对对方大吼大叫或尖酸刻薄地进行讽刺。如果对方因你的批评而心情抑郁，你必须立即改变自己的做法。对此，约瑟夫·格雷尼先生指出：“记住，对问题本身越关注，你就越难以做出正确的行为表现。你应当表现出宽容、开放的心态，假定对方的观点也有价值，才能有效地解决问题……放弃你的强硬立场和绝对化表达，但不要放弃你的观点。你当然可以拥有坚定的信念，只要调整好表达策略就好。”

说话要有主次，表达讲究顺序

在表达过程中，要想让对方理解你的意思，就应明白先说什么，后说什么。这反映在逻辑表达中，就是要求说话有主次。

从美学上来讲，有次序的事物更加具有美感，语言表达也是如此。有序、有节、逻辑分明、条理清楚的表达更容易令听者产生心理上的愉悦感，更具有美感，从而更容易使对方接受自己表达的内容、传递的信息。

但我们平时说话很少注意到说话的顺序，其实说话的顺序不同，其所表达的意思也大相径庭，甚至截然相反。

其实，一件事情或一些话能否清晰地被表达，搞清楚先说什么、后说什么很重要。如果不注意说话的主次，就很容易产生一些误会。

一天，小童的妈妈正在家里做饭，这时电话响了，电话里传来一个声音："您好，请问您是小童的妈妈吧？"

"嗯，请问……"小童妈妈有点担心自己的孩子了。

"我是小童的班主任，今天我们学校组织出游，在过一个十字路口的时候小童……”电话里的声音这样说道。

这时小童的妈妈心里咯噔一下，以为小童出了什么事，马上挂了电话赶到了学校，一到学校才知道这原来是一场误会。原来，小童在过马路的时候捡到了一个钱包，并把钱包还给了失主，刚才班主任打电话是想告诉小童妈妈这个消息的。

在上面的案例中，老师的表述方式不免让小童的妈妈有些担心。其实，老师应该把主要内容放在最开始的时候说，然后再详细述说事情的经过。

表达是需要组织的，想要传递给听者的中心思想会产生很多可以进行叙述的点。这些点对中心思想的支持力有大有小，需要逐个确定是否有必要叙述，其地位有轻有重，叙述上也需要有先有后。如此，这样的语言才更有逻辑性。

▷延伸阅读：了解不同的互动风格

目的：了解不同风格的人喜欢怎样沟通和互动。

说明：通读下面的内容，圈出你喜欢采取的沟通方式，或者你喜欢别人对你采取的沟通方式。

类型	沟通特点
发起者	1. 精确、简练、直切正题的沟通方式 2. 注重结果 3. 别人向我提供解决方案和可选的行动方案 4. 保持专业性，从来不带个人色彩 5. 避免分心，专注于任务 6. 收到支持某个解决方案的事实性信息 7. 让人们确切地了解他们需要做什么
建立者	1. 在取得支持性细节前，先了解整个大局 2. 我的优点和成功之处得到认可 3. 热情和乐观地表达我的愿景、目标或想法

（续表）

类型	沟通特点
建立者	4. 花时间表示对别人的关心 5. 提供建议来改进项目、解决问题或调整人员 6. 别人询问我对解决方案的想法 7. 让别人按照我的方式思考问题
联系者	1. 与他人或团队相互合作、支持 2. 在开始谈论任务之前，与他人建立私人联系 3. 避免冲突和压力 4. 受邀分享我的想法和意见 5. 给我时间做决定，而不是给我施压 6. 通过实施详细的任务步骤使风险最小化 7. 花时间了解改变的理由和好处
探索者	1. 为一个问题提供可证实的、有形的或支持性的事实或证据 2. 在我回答问题之前，给我时间进行思考 3. 在讨论重点之前先听一些支持性的事实 4. 不贸然做决定 5. 进行分析和逻辑推理 6. 始终关注切题的信息，而不关心别人的意见或情绪 7. 提供有助于完成任务的清楚架构和参数

结果：将你在每个风格中圈出的条目总数记录下来。哪个风格的条目数越多，越说明你是该类风格的沟通者。

第六章

全面思考，规避说话片面的表达方式

“以偏概全”是指以片面的观点来看待整体问题，这是很多人在表达时常犯的一个错误。实际上，它是人们认知上的一种障碍，是不能看到事物或问题的多个方面导致的。

正所谓“金无足赤，人无完人”。任何事或人都是多面的。所以，在说话之前，大脑要经过严谨、全面、客观的思考，从多个角度去观察人和事，大胆假设，小心求证，这样才有助于你形成比较准确的判断，从而使你说话更全面、更有逻辑。

说话以偏概全，都是片面狭隘的错

当我们见到某些事物都具有某种特质后，我们通常会推导出所有这类事物都具备这类特质。这种错误推理就是“以偏概全”。

某心理学家曾在麻省理工学院做过一个实验：实验开始前，实验者分别向两个班的学生介绍了他们的代课老师。在其中一个班中，实验者拼命地夸老师，说这位老师的优点；而在另一个班中，实验者拼命地损老师，说这位老师的缺点。结果显示：第一个班的学生对代课老师的评价非常好，觉得他亲切友善；而第二个班的同学觉得代课老师不善言辞、为人冷漠。事实上，这两个班的代课老师是同一个人。

可见，“以偏概全”的谬误在日常生活中是比较常见的。这种谬误之所以很难被人察觉，是因为它的论证确实有证据支撑，但是证据不足。

比如，某大学一位教授曾提到了一个有趣的现象：低收入人群喜欢看韩剧，高收入人群喜欢看美剧。从逻辑的角度来看，这样的结论使用的是不完全归纳推理中的统计归纳，但是统计归纳需要足够全面的样本量，而这位教授的这篇论文仅仅调查了不到400名来自同一城市的对象，明显样本太少且过于集中，完全不足以说明问题。这犯了“以偏概全”的逻辑谬误，得到的结论必然是不可靠的。

又如，有人看见汽车旅馆生意很好就以为开汽车旅馆会赚大钱，看到饭店的人气很旺就以为开饭店生意一定会好，等到自己开了之后就会发现根本不是那么回事。而且他发现：其实很多汽车旅馆没有什么生意，饭店也没有那么多客人。过去之所以没发现，是因为这些冷清的店通常不会吸引自己的目光。

我们一起看下面的案例：

有一个经营养兔子场的农夫，被一个商人骗了很多钱。于是，他就觉得所有的商人都是外表严肃、内心险恶的人。

一天，一个商人到这个农夫的养兔场中挑选了一只又瘦又难看的兔子。农夫摸摸头，疑惑地问：“这只兔子一点也不好，一看就是只病兔子，你为什么要买它呢？”

商人说：“我买的就是病兔子。我要把它挂在家门口，然后告诉所有路过的人这只兔子是从你的养兔场里买来的。这样大家就会觉得你这里的兔子都是不好的。”

农夫一听就愤怒了，说道：“我这里明明有那么多好兔子，你凭什么因为一只病兔子就说我所有的兔子都是这样的呢?！你分明就是故意的。”

商人笑着说：“难道你不也是一样吗？”

这是一个以偏概全的经典案例。由于某个商人骗了农夫钱，农夫就认为所有的商人都是道貌岸然的人。这就是看见一个人的污点，就把所有这类人全盘否定了。

心理学中有一种现象，叫作晕轮效应。晕轮效应又称“光环效应”，它本质上是一种以偏概全的认知上的偏误，说的是在人际交往中，人身上表现出的某一方面的特征掩盖了其他特征，从而造成人际认知的障碍。比如，有的老年人对青年人的个别缺点或衣着打扮、生活习惯看不顺眼，就认为他们一定没出息；有的人由于倾慕朋友的某一可爱之处，就会觉得他处处可爱。

既然“以偏概全”的谬误在生活中这么常见，那么你在说话前一定要做出全面的思考。

兼听则明，忌凭一面之词臆断

只有听取多方面的意见，全面了解情况，才能明辨是非，做出正确的判断。只相信单方面的话，则很可能会犯片面性错误。

美国杂货业大王凡瑞迈可说过："年轻人平时犯的最大的错误，就是对于任何事都先存有一种成见，当他们去请教别人时，实际上，并没有存着探索真理或搜求有识者经验的目的。他们最后无非是希望对方对他的意见大加夸奖一番，如果对方给了他一个否定的回答，他往往不区别事情曲直，只是大失所望，最后还是依自己的意思去做。"想想自己身上是否有这样的毛病呢？

一个人如果能经常听取别人的意见，会增长很多见识，让自己少走很多弯路，从而赢得更多的时间去追求完美，更好地走向成功。

玄武门之变后，曾有人向秦王李世民告发说，一位名叫魏徵的人曾参加过李密和窦建德的起义军，他们失败后，魏徵到太子李建成手下做过事，还曾劝说太子李建成杀害李世民。李世民听后，派人把魏徵找来。

见到魏徵，李世民板起脸问他："为什么你在我们兄弟中挑拨离间？"魏徵没有感到害怕，他神态自若，不紧不慢地回答说："可惜那时候太子没按我说的做。不然，也不会发生接下来的事情。"

李世民听后，认为魏徵很有胆识，说话直爽，不但没有责怪他，反而把他留用下来。

李世民继位后，励精图治，为了富国强兵，采取了一系列的措施，其中之一就是广开言路，鼓励大臣们当面提出意见，并把敢于直言的魏徵提拔为谏议大夫。在李世民的鼓励之下，大臣们也敢于说话了。特别是魏徵，有什么意见就在唐太宗面前直说。李世民也特别信任他，常常把他召进宫内，听取他的意见。

公元643年，魏徵去世了。李世民非常难过，他流着眼泪说："一个人用铜做镜子，可以照见衣帽是不是穿戴得端正；用历史做镜子，可以看到国家兴亡的原因；用人做镜子，可以发现自己做得对不对。魏徵一死，我就少了一面好镜子了。"

上面的历史故事告诫人们广泛地听取多方面的意见，就能明白事情的真相，做出正确的判断；否则，只听信一方面的意见就会不了解真相，得出错误的结论。如果李世民没有听取魏徵的谏言，进行反省，怎么可能实现"贞观之治"呢？

因此，有时候，你应该放下自己的成见，多多听取别人的意见，这样才可避免发生片面性错误。

不要将主观看法当作客观事实

表达时，很多人总是喜欢做出主观评价，并将自己内心的想法当作客观存在的事实。这样说出来的话语，对方是不容易信服的。你需要在做出评价时说出理由。

我们先来了解一下主观和客观。通常语境中的主观是指人的一种思考方式，与客观相反。主观是表面现象，凭借自己的观点，未经分析推算，做出结论、决策和行为反应，不与其他有不同看法的人仔细商讨。客观是不依赖人的意识而存在的一切事物。比如：小刚身高1.8米，这是客观；小刚是高是矮，这是主观。（在普通人看来是高，在姚明看来就是矮了。）

不要将主观看法当作客观事实。比如，桌子上有一台笔记本电脑，这就是客观事实。这台笔记本要么放在桌子上，要么没放在桌子上。假如你说："这台笔记本很好看。"这样的表达就糅合了主观和客观，主观是你觉得这台笔记本好看，而客观是笔记本本身好看。客观部分是没有争议的，而主观部分具有争议性。

或许，有的人听到这样的表达，心里会想：这台笔记本到底哪里好看呢？因此，要想让你的表达听起来有逻辑，你需要证明这台笔记本什么方面好看。也就是说，你需要列出好看的理由。你可以这样表达：“这台笔记本很好看，机身的颜色那么艳丽。”

再如：

A：修理这个东西200块足够了吧？

B：不行，这些钱还不够啊，还需要很多。

在上面的对话中，像B这样说话是没有逻辑的，他既没有说具体需要多少钱，也没说明为什么需要那么多钱，所以完全行不通。B可以这样回答：“这些钱不够，还需要加50块，因为要更换一个新的零件。”

从对方的角度思考，说话更稳妥

在逻辑学中，辩证矛盾是指在客观现实中事物自身所包含的对立面的统一关系。我们既然承认了事物的两面性，在表达时就应站在对方的角度说话，这样的表达方式更容易让人接受。

表达时，如果你以某种主观、片面的方式说话，可能会导致沟通陷入糟糕的境地。瑞士心理学家卡尔·瑞格曾说："事物本身如何并不重要，重要的是如何看待它们。"学会站在别人的角度思考问题，这样说话做事才能让人感觉舒服、愉悦，并直指人心。

李亚是销售新手。有一次，他去一家公司推销产品时，一看到该公司的项目负责人，就着急地向对方详细介绍起自己的产品来。在介绍的过程中，李亚察觉到负责人脸上露出不耐烦的表情，于是拿出包里的样品，一边展示一边介绍，因为他认为这样对方会更容易接受。但是，对方脸上不悦的表情越来越明显，最后干脆说道："不好意思，我还有其他事情。把你的产品先放这里吧，有时间我们再仔细研究。"

李亚明白，这是拒绝的意思。于是，他很失落地回到公司，并把这件事情告诉了自己的主管。主管笑着说："或许你应该听听对方需要什么样的产品，然后再有针对性地介绍。"李亚终于明白自己该怎么做了。

第二天，他再次找到那个项目负责人，这次他并没有着急介绍自己的产品，而是问起了对方公司希望要什么样的产品。这样，李亚对对方想要的产品心中有数了，接着他有针对性地向对方介绍起自己的产品，令那个项目负责人很满意。当天，对方公司就预订了一批李亚的产品。

在销售过程中，仅从自己的角度向客户介绍产品，是不能打动对方的。只有从对方的角度思考对方到底想要什么样的产品，然后有针对性地说话，才能达到你想要的目的。

又如，在公共场合贴"禁止吸烟，违者罚款50元""禁止踩踏草坪，违者罚款"等标语，可是似乎这样的标语并不能起到有效的作用。后来，根据人们的心理研究成果，人们改变了标语的表达方式，如"为了您和家人的健康，请不要吸烟"等。这就是从对方的角度来思考问题。这样的表达方式起到了有效的作用。

那么，如何做到换位思考呢？

第一步：站在对方的角度或立场上。理解别人的立场或角度始于有好奇心和愿意询问问题，然后倾听对方的话。

第二步：想象一个不同的位置。也就是你要努力想象你自己实际上在别人的位置，看着自己。

第三步：放弃你的控制策略。

MECE分析法，减少遗漏和重复

把握事物整体的时候，一定要防止出现思考的遗漏点和重复。在表达过程中，采用MECE分析法对于考虑不全面的人来说，是一种非常有效的提高方式。

MECE分析法，全称 Mutually Exclusive Collectively Exhaustive，意思是“相互独立，完全穷尽”，也就是对于一个重大的议题，能够做到不重叠、不遗漏地分类，而且能够借此有效把握问题的核心，并有效解决问题的方法。

它是麦肯锡的第一个女咨询顾问巴巴拉·明托在金字塔原理中提出的一个很重要的原则。所谓不遗漏、不重叠，是指在将某个整体（不论是客观存在的还是概念性的整体）划分为不同的部分时，必须保证划分后的各部分符合两个要求：第一，各部分之间相互独立；第二，所有部分完全穷尽。MECE分析法中的“相互独立”意味着问题的细分是在同一维度上，有明确区分且不可重叠；而“完全穷尽”则意味着全面、周密。

那么，如何利用MECE原则来分析问题呢？具体可以通过以下四个步骤来落实MECE原则。

1. 确立核心问题

要明确当下讨论的问题到底是什么，以及你想要达到什么样的目的。

2. 列出关键点，且完全穷尽

你要围绕核心问题，列出与它相关的所有关键点。并且，你还需要思考一下是否把所有的点都想到了；如果是，那么你所列的关键点就是“完全穷尽”。

3. 检查每一项是否完全独立

当你觉得这些内容已经确定以后，认真研究它们：是不是每一项内容都是独立的、可以清楚区分的事情？如果是，那么你的内容清单就是“相互独立的”；如果不是，就对它们进行分类和归纳。

4. 再检查每一层是否完全独立且穷尽

你会发现这种呈现的结构变成了金字塔样式，每一层都是下一层内容的总结概括，而第一层是要阐述的核心问题（或观点），这就是麦肯锡推崇的金字塔思维结构。

▷延伸阅读：如何提高自己的思维能力

在很多方面，由于看事情的角度和思维方式不一样，大家经常会有不一样的表达语言。那我们该如何提高自己的思维能力呢？

1. 换个角度看问题

对于同一件事，要从不同的角度看待和思考，这样可以获得新的、不一样的理解和想法，使你摆脱框架思维，做出与常规思维截然不同的创新决策。

2. 对知识要融会贯通、知行合一

仅学习知识是不够的，更重要的是把各种不同的知识融会贯通，不断地思考和感悟，并将之运用于实践，增加自己的生活经验和阅历，这样才能真正起到作用。而这个过程才是锻炼思维能力的过程。

3. 培养学习能力

持续有效的学习能力是获得思维能力的基础和动力，更是动态衡量人的能力的标杆。因此，要想有敏锐的思维能力，必须培养自己强有力的学习能力。

4. 养成思考的习惯

你应该在身边没人、夜深人静的时候，多多独立思考，或者定期规划出一段时间来思考自己的生活。这样可以让你的思想变得更深邃，思维变得更有条理。

5. 有危机意识

人们常说的第六感，其实就是一种敏锐的察觉能力，对危险和机遇的感知能力。而我们要做的是努力培养自己的危机意识，在危机发生之前就进行缜密的思考，及时察觉到这种危机并未雨绸缪，这样会促使迸发灵感，提高我们的思维能力。

6. 大胆创新

就思维来说，其实最忌讳僵化和程式化。我们不能拘泥于传统思维和常人普遍的观点，要有自己的独特想法和观点，要懂得假设和创新，改善自己的思维方式。

第七章

观点一致，解决难圆其说的沟通尴尬

回想一下，你说过的话是否经常有自相矛盾的情况呢？如果是，那你说话就犯了“两难推理”的逻辑谬误。面对你说话的这种毛病，如何解决难圆其说的沟通尴尬？如何提升自己的说话能力呢？本章将一一进行详细阐述。

对于自相矛盾的话，一眼就能看出漏洞

大部分人都喜欢说话前后观点一致的人，而厌恶说话自相矛盾的人。说话自相矛盾的人说话犯了“两难推理”的逻辑谬误，听者能很快察觉，并会影响双方沟通的顺利进行。

两难推理，又称假言选言推理，是由两个假言判断和一个两肢的选言判断作为前提构成的推理。在沟通过程中，一些人经常运用这种推理形式提出两种可能的情况，不论对方肯定或否定其中的哪种情况，都会陷入进退两难的境地。比如：

前提：如果明天不下雨，徐松就不能穿新雨鞋；

如果明天下雨，徐松就不能穿新衣服；

明天不下雨或者下雨。

结论：徐松不能穿新雨鞋或者不能穿新衣服。

根据两难推理的结论是直言命题还是选言命题，可将两难推理分为简单式和复杂式；根据两难推理结论的得出是运用了充分条件假言

推理的肯定式还是否定式，可以将两难推理分为构成式和破坏式。因此，两难推理的形式有：简单构成式、简单破坏式、复杂构成式和复杂破坏式。

我们先看一个这样的案例：

楚国有一个既卖矛又卖盾的人。他首先夸耀自己的盾，说道："我的盾非常坚固，无论用什么矛都不能穿破它。"接着，他又夸耀自己的矛，说："我的矛是世界上最锐利的矛，它能刺穿任何东西。"有人立马问他："如果拿你的矛去刺你的盾，哪个更厉害呢？"

"用我的矛刺我的盾？"这个人心想，"要是盾被刺穿了，就说明盾不坚固；要是盾没被刺穿，就说明矛不锋利。这可怎么办呢？"这人不敢拿自己的矛刺自己的盾，默默地收起东西，回家了。

这个楚国人为了销售自己的矛和盾，夸大了矛和盾的作用，结果难以自圆其说。因此，你表达出来的观点或意思要前后一致，不能自相矛盾。

一位年轻人喜欢发明创造，梦想着能够得到大发明家爱迪生的指导，因此他很想去爱迪生的实验室里工作。他投了简历，爱迪生对他很感兴趣，并面试了他。在面试时，爱迪生问他："你对科学发明有什么见解？"

这位年轻人自信满满地说："我很喜欢发明创造，我特别想发明一种万能溶液，它可以溶解一切物品。如果什么东西不被需要了，就可以把它溶解掉，这多好啊，很多废物就不需要堆积了。”爱迪生听后，惊奇地问：“那么我想知道，你发明的这种万能溶液如何存贮和运输呢？它不是可以溶解一切物品吗？”年轻人顿时哑口无言。

在上面的案例中，这位年轻人之所以被问得哑口无言，是因为他的话中包含了不可克服的逻辑矛盾：既然万能溶液可以溶解一切物品，就没有办法存储，那这种溶液也就无法存在。盛放万能溶液的器皿，至少是这种溶液不能溶解的，这样一来，他的话才能符合逻辑。

以子之矛攻子之盾，用对方的观点说服对方

当与对方的观点相矛盾，又无法直接去说服对方时，你不妨拿对方的观点、方法或言论来反驳对方，以使你的沟通更有效。

通常，一个人说话都是选取一个论点，然后找到利于自己的论据让自己的话站住脚。要说服这样的人，就要用他提出的这个论点来反驳他。

有一位学者，他知识渊博，对哲学颇有研究。他的家境也比较富裕，家中雇用了几个工人，其中有一个名叫哈顿的年轻人。

哈顿年轻又聪明，总是喜欢与人辩论，即便没理也要狡辩一番。有一次，天气突然变化，马上就要下雨了，学者家中的晒谷场上还有晾晒的稻谷没有收起来，于是他派哈顿赶紧去盖一下，以免稻谷被淋湿。

但是，哈顿并没有按照学者的话去做，结果晒谷场上的稻谷都被淋湿了。学者知道后很生气，他把哈顿叫来责怪了一通。然而，哈顿并不服气，他还说道："先生，情况并不是您想的那样。一粒稻谷总不能算一个谷堆吧？加上一粒后，也不是谷堆呀；再加上一粒也成不了谷堆；

即使继续加上一粒，也仍然不是谷堆。可见，每加上一粒，都成不了谷堆，所以谷堆根本不存在。既然这样，您还要我去盖什么呢？”

学者看着哈顿那狡猾的笑脸，觉得既生气又好笑。觉得生气是因为哈顿不仅做错了事，还要无理辩解；觉得好笑是因为哈顿自作聪明，居然班门弄斧。于是，学者只是笑了笑。哈顿高兴极了，他觉得自己的诡辩成功了，主人对他无可奈何，所以又以此在同伴中炫耀。没过多久，该发薪水了。学者家中的其他工人都拿到了自己的薪水，只有哈顿一枚硬币都没拿到。

于是，哈顿去找学者，问：“先生，怎么没有我的薪水呢？”

学者听完，笑了笑说：“是吗？大概也不是你想象的那样啊。一个硬币该不是你的薪水吧？加上一个也不是你的薪水；再加上一个，同样也不是你的薪水。这样，每加上一个硬币，都不是你的薪水。所以，你的薪水根本不存在，你让我发给你什么呢？”

在上面的案例中，哈顿以“一粒米再加上一粒米不算一个谷堆”的荒谬观点为自己的错误辩解，并暗暗自喜。在发薪水的事情上，学者运用了哈顿的观点来反驳对方，对方也就无话可说了。

早些年，郑板桥家里很贫穷。有一年的除夕，他到屠户家赊了一个猪头回来，正要下锅，又被屠户要了去转手卖了高价，为此他一直不满。

后来，郑板桥到山东范县做官，就特意规定：屠户不准卖猪头。夫人听到后，感到不妥。一天，夫人捉到一只老鼠，故意将老鼠绑住吊在房中。整个晚上老鼠没个清净，使得郑板桥一宿没睡好，便向夫人抱怨。夫人说，她小时候好不容易做的新衣服，被老鼠啃坏了。听后，郑板桥笑着说：“你恨它有何道理？是兴化的老鼠啃坏了你的衣服，又不是山东的老鼠。”夫人说：“你不也是在恨范县的屠夫吗？”

郑板桥一下子明白了，立即吟诗一首：“贤内忠言实难求，板桥做事理不周。屠夫势利虽可恶，为官不应记私仇。”

夫人用郑板桥错误的逻辑把错归在老鼠身上，让对方从中领悟到其中的道理，借以说服对方，巧妙地让郑板桥认识到了自己的错误。

面对矛盾说“软话”，以柔克刚感动人

面对对方锐不可当的气势时，适当地说一些“软话”，就能起到较大的作用。

有一则寓言：北风和南风比威力，看谁能令人把身上的大衣脱掉。北风使出浑身解数，大发淫威，凛冽刺骨，结果行人为了抵御北风的侵袭，便将大衣裹得紧紧的；而南风则是徐徐吹拂，行人因为春光融融便解开纽扣，继而脱掉大衣。在这场比威力的竞赛中，南风获得了胜利。这就是著名的“南风法则”，我们可以从这个法则中得到一些启示。

在沟通过程中，假如对话的气氛不融洽，对方的心里有敌意或抵触，这时不要总想着用强硬的态度压制对方，逼迫对方就范，这样只会更加激怒对方，引起对方的逆反心理。不如换一种方式，说一些“软话”，消除对方的怒气，然后再用柔和的态度进行说服，这样就会有很好的效果。

一次，王老板在当地一家有名的酒楼宴请从外地来的几位大客

户。酒席非常丰盛，客户们也很满意，尤其是对当地的特色菜很感兴趣，都纷纷赞不绝口。王老板笑着说道："大家慢慢吃，还有一道大菜'鸭包鱼'，大家一定要尝尝，这可是这里的特色菜。"

一会儿，"鸭包鱼"端上来了，客户们拿起筷子细细品尝后，都竖起大拇指赞扬道："嗯，不错，不愧是这里的特色菜啊！"王老板带着几分得意的口吻说："是吧？我选的一定不错。"随后，他夹起一块品尝着。突然，王老板的脸色一下子变了，他扔下筷子，大声喊服务员："快把你们经理叫来。"

服务员不知道出了什么事情，吓得赶紧跑去请经理过来。经理见到王老板很生气，便轻言轻语地问："王老板，请问您对我们酒楼的服务哪里不满意吗？"

"不是服务问题，是你们的菜有问题！"王老板恼怒地指着"鸭包鱼"说："这道菜我吃了很多回了，从来没有这么难吃过！你给我解释解释，到底是怎么回事？"

经理看了看这道菜，并没有看出哪里不妥，于是赔笑着说："王老板您是行家，我们平时哪有那么好的口福，吃得起这么名贵的菜。所以还请王老板赐教，这菜哪里不对了？"

"这菜怎么样，我尝尝就知道。你们竟然糊弄我？"

"王老板，您是我们的常客，酒楼的VIP，我们这里哪个不认识您，又怎么敢糊弄您呢？肯定是厨师没把这道菜做好，火候太过了，所以肉质吃起来硬一些。这样，我扣他奖金。"

王老板听后有些不好意思地说："算了算了，厨师也不容易。你跟他们说一声下次要注意了。"经理对王老板竖起大拇指："还是王老板大人有大量，宰相肚里能撑船。我一定亲自叮嘱他们，谢谢您的体谅。”接着，经理爽快地对王老板说：“今天的这桌菜全部打八折，就当是给王老板及各位贵客赔不是了。您看行吗？”

王老板的脸上这才露出满意的笑容。这场矛盾就这样化解了。

在上面的案例中，经理面对满脸怒气的王老板先是好言安抚，然后抬高王老板的身份，给足了王老板面子。最后，利用“以柔克刚”的软话策略成功地说服了对方。假如经理为酒楼开脱或寻找其他借口，那只会增加王老板的怒气，使矛盾升级。

含蓄地回避矛盾，一种柔软的策略

在面对沟通矛盾时，不一定非要选择硬碰硬的方式，柔软的对话方式更能有效地解决问题。那么，这种柔软的对话方式是什么呢?

我们每天都在与受各种因素影响的人们打交道。这些影响可能来自挫折、恐惧、不耐烦、自我防御或其他很多因素。这些人可能是孩子、老板或商店售货员等。我们是否应该锻炼出一种心理状态，能让我们与这些处在各种影响下的人自如交往，而不会因为他们而情绪失控呢?

假如你的情绪失控了，将最容易到嘴边的话不加选择地脱口而出，那么你可能会面临危险，说出让自己后悔的一番话，并且这些话覆水难收。

含蓄地回避矛盾，是一种柔软的策略。在沟通过程中，当你面对冲突局面时，掌握这种技巧和策略就能将之扭转过来而促成大好局势。

尤其是当对方采取言语攻击，或沟通本身出现障碍时，你可以含蓄地回避矛盾，远离原来所谈的话题，巧妙地躲过彼此之间的矛盾，突破沟通的隔阂，让沟通顺利进行。

这种方式之所以有效，是因为所有人都希望自己被尊重，所有人都希望自己被好声好气地询问而不是被颐指气使地命令，所有人都希望自己在做错事的时候能获得改正的机会，所有人都希望自己不被威迫着做出决定。

一次，在新闻界的宴会中，某集团的张董应大家的一致要求站起来发言。他说道："你们都知道，我是一个不善言辞的人。小时候我生活在农村，那里有一个农夫养了一头母牛。于是，我就跑到人家那里好奇地问农夫：'你的母牛是纯种的吗？'对方说不知道，然后我又问：'这头牛一天能挤出多少奶呢？'他也说不知道。最后，他被问烦了，就说：'你问的这些问题我都不清楚，反正这头牛非常老实，只要有奶，它都会给你。'"随后，张董微笑着对所有人说："其实，我也像那头牛一样老实，反正有新闻，就一定都会给大家。"说完，在场的所有人都哈哈大笑起来，明白了他话中的意思。

在上面的案例中，张董以含蓄的表达方式让新闻界的记者们明白，不要穷追不舍地问自己问题，要是有新闻他会自己说出来。而且，他的话语恰到好处地表达了自己对步步紧逼的不满。

乔治·汤普森说："当今街头最危险的武器，是一条随时准备攻击的舌头。"含蓄地回避矛盾这种策略，会让你知道怎样通过你的语言将对手的负面力量转变成对自己有利的力量。那么，在使用这种策略时，应该做到哪些方面呢？

1．保持冷静

通常最容易涌到嘴边的攻击话语往往是下意识的，因此，在这之前你要让自己保持冷静，学会控制自己的情绪。

2．含蓄地表达

委婉含蓄的语言更容易被别人接受，更能表现出对别人的尊敬，令人达到有效交流、沟通思想的目的。

妥善处理“关键对话”中的矛盾冲突

当对话进行到“关键对话”阶段时，你要非常谨慎地组织语言，否则不小心说错了话，就会瞬间激化矛盾，导致沟通失败。

《关键对话》一书中提到了16种导致灾难性后果的关键对话场景：

（1）应对处于青春期的叛逆儿女。

（2）指出队友违反承诺的表现。

（3）指出领导一些不对的地方。

（4）向言行不一的领导提出建议。

（5）探讨关于出轨的问题。

（6）和喜欢打听小道消息的同事交谈。

（7）做出不利的行为表现评价。

（8）提醒同事注意个人卫生问题。

（9）让朋友还钱。

（10）让舍友搬走。

（11）和前任配偶讨论孩子的监护权和探访权问题。

（12）结束一段感情。

（13）说服配偶的家人不要干涉夫妻问题。

（14）和总是冒犯你或喜欢提建议的同事交谈。

（15）批评同事的工作表现。

（16）应对配偶严重的家庭暴力问题。

比如这个案例中妈妈和孩子的冲突对话：

女儿："你怎么可以这样让我出丑？好不容易有人喜欢我，这下人家再也不搭理我了！我讨厌你！"

妈妈："你不要和他交往，以后肯定会遇到更好的男朋友，为什么你要在这种人身上浪费时间呢？"

女儿："别烦我，我的生活全被你毁了！"

通常，人们希望用对话化解冲突，但在以上冲突场景中，这种情况比较难以把握。因为它有这三个特点：高风险，双方观点不一致，有激烈的情绪。当人们无法正确地处理关键对话时，生活中所有重要的方面都会受到不利的影响。

面对这种容易发生矛盾的对话场景，难道只能选择逃避对话或是把对话搞砸吗？当然不是。科里·帕特森教授指出："只要掌握两大原则就可圆满地解决'关键对话'中的矛盾冲突。"这两大原则的内容如下：

1. 明确自己的对话目的

明确你希望通过对话达到什么样的目的。事实证明，在激烈情绪的影响下，人们往往会走向两个极端：要么沉默不语，要么疯狂发作。人们完全忘记了自己的对话目的是要和对方一起解决问题。而偏离预定目标的对话是不可能获得令人满意的解决结果的。因此，在对话过程中，你一定要牢记自己的目的，这是解决矛盾的关键原则。

2. 维护对方的安全感

要让对方在毫无压力的情况下与你展开对话。实际上，只要你拉紧"安全感"这根弦，能够设身处地地考虑对方的感受，能够三思而后言，就可以轻易消除对方心里的包袱。

假如你不小心使对方失去了安全感，也不要气馁。使对方重获安全感，可以按照下面三种有效技巧来处理。

（1）真诚道歉。

当你犯下伤害对方的错误时，应向对方真诚道歉，牺牲一点自尊心，承认自己的错误。牺牲才能换来回报，当你放弃一些立场时，往往会得到理想的沟通结果。

（2）利用对比法消除误会。

对方丧失安全感，有时候是因为你的做法明显伤害了对方，但有时候是无心之过。这时你可以利用对比法来消除误解。

（3）创建共同的目的。

当沟通双方对话的目的不一致时，你要暂停充满争议的对话，关注对方的真正目的是什么，然后努力创建共同目的。

▷延伸阅读：莫踩雷区，才能防尴尬

在人与人的沟通中有很多需要避开的雷区，这些雷区就像危险的地雷，时刻对我们的沟通造成威胁。很多时候，我们之所以经常陷入沟通的尴尬中，往往是因为没有注意到某些细节而无意中踩了雷区。如果想避免这些情况，在说话时就一定要避开险境。

雷区一：不说别人的“痛处”

俗话说：“尺有所短，寸有所长。”每个人都有自己的优点和缺点，在与人交谈的过程中，应尽量避免说别人的痛处。比如，对方身体有残疾等，这对他们来说本身就已经造成一定影响，这时你再说与之相关的问题，只会增加他们的心理负担，让他们更加痛苦和难堪。

每个人心里都有不可触碰的伤疤，都有不愿他人提及的话题。那些喜欢揭开别人伤疤的人，不仅是非常可悲的，更是可恨的。可悲的是，他们的一生中不会有真正的好朋友；可恨的是，揭别人的伤疤会让人勾起一段不快乐的回忆，无异于在对方的伤口上撒盐。

雷区二：不要在失意的人面前大谈自己的得意

很多人都听说过这样一句话：“木秀于林，风必摧之；堆出于岸，流必湍之；行高于人，众必非之。”这句话是在告诫人们，一个人无论多么优秀，都不要在众人面前出风头，风头出多了，必将第一个遭殃。

在人生的旅途当中，谁都会遇到得意或失意的时候。得意之时不炫耀才是一种处世哲学。特别是在失意者面前，我们应尽量保持一颗平常心，不要炫耀自己的得意。相反，对失意者多一点同情和理解，这样，你的得意才能持久，你的朋友才会更多。

雷区三：别人的隐私不要说

所谓秘密，指的是隐蔽且不为人知的事物。既然是秘密，自然是深埋在心底的事，正如罗曼·罗兰所说："每个人的记忆里，都有一座埋葬记忆的小岛，永不向人打开。"对于别人的秘密，我们要么将其拒之门外，要么就要烂在肚子里。

雷区四：说话不要直来直去

不知道你身边有没有这种人，说话直来直去，出口伤人之后抛下一句"我这人就是说话直，你别介意"，就觉得事不关已高高挂起了。可是，他那些伤人的话，已经使得对方之前产生的那点好感消失殆尽了。

第八章

论证充分，逻辑表达会更有说服力

优秀的说服高手能影响别人，其关键在于他的理由、论据经得起琢磨，说话非常严谨，让对方找不出任何破绽来。相反，那些没有说服力的人，说的话总是那么空洞，没有事实根据就发言，这会让人觉得这样的人说的话没有什么可信度，久而久之，更让对方产生厌烦感。

因此，要想说服别人，你的表达要有逻辑性，即你的主张要明确，论据要能说明主张，并且能正确地说明主张。这三点是很关键的。

站不住脚的逻辑，让你的论证破绽百出

如果理由不充分，甚至没有明确理由就下结论，你就犯了“妄下结论”的逻辑谬误。这样的结论经不起推敲，破绽百出的论证表述很难让别人信服。

在生活中，你是否有过这样的经历：你往往有许多笃定的主张，并且觉得自己有充分的理由来支持这些主张。但当你试图说服别人时，常会觉得无法说清楚这些理由，因而陷入难以说服别人的窘境。在这种情况下，你就要思考一下自己是否犯了“妄下结论”的谬误。

“妄下结论”的谬误有两种表现形态：

（1）在证据明显不足时，却以坚定的口吻直接断定某结论是对的。

（2）在没有任何证据或理由的情况下，直接说某结论是正确的。这种是最糟糕的。

比如，王凯、李东在和另外一个同学一起玩耍，王凯妈妈对李东妈妈说：“那个同学是新来的吗？不过看他的长相就知道他不是个好孩子，不要让他们在一起玩了。”李东妈妈回答说：“我也有同感。”通

常，凭长相判断一个人是好是坏是难以令人信服的。这种根据一个人的长相来推断其人品的做法就是犯了“妄下结论”的谬误。

因此，当你准备下结论的时候，一定要反思一下结论的支持理由是否已经清楚地表述出来，以及能否满足你对该结论的肯定程度。

总之，在表达过程中，你的论证是否严谨、是否符合逻辑，直接决定了你的说服力的大小。曾在日本麦肯锡企业任职多年的高杉尚孝教授说：“做到符合逻辑，也就是有逻辑性，就能增强说服力，从而让对方采取己方所期待的行为。”关于如何把自己的想法有逻辑性地传达给别人，他提到三个要素。

1. 有明确的主张

明确的主张是有逻辑性的大前提。如果你的主张不明确，就根本谈不上有逻辑性。试想一个人连想说什么都不明确，又哪有资格站在有逻辑性的起跑线上呢？一旦对方问“你到底想说什么”，那你就铁定出局了。

2. 主张有论据

主张有论据，就是你要恰当地陈述能支持主张的论据。具体的论据有很多。如果主张是既定的结果，论据可能就是造成该结果的原因；如果主张是理想等未实现的目标，论据或许就是达成该目标的手段。此外，论据的实质内容也有很多种，如“数据”“事例”“名人意见”等。

3. 论据能够正确支持主张

比如，“G公司的业绩正在逐渐恢复，因为营业额呈减少趋势，而且经费呈增加趋势”。在这句话中，尽管提出了“明确的主张”和“论据”，却是让人啼笑皆非的，因为其主张和论据是相互矛盾的，论据不能正确地支持主张。

要想检验论据和主张的关系是否正确、一致，你可以站在对方的立场来确认。但不要根据对方的情况改变你的主张，而应在不改变原方向的前提下，尽量对证据加以校正，使对方产生共鸣。

在论证过程中，只要你的表达符合上面三个要素，就能让对方有效地倾听你的建议或想法。

没有全面调查，请不要轻易发言

一些人在遇到不如意的事情时习惯随便发脾气，通过指责别人来宣泄自己的不满。假如真是对方的错，对方也许就默认了，但假如不是对方的错，对方肯定会对你有满肚子的意见。

在生活和工作中，许多人在没有了解事实真相的前提下就轻易做出判断。即使有时候，他们中的极少数人能够通过以往经验和精准的直觉对一些事做出正确决策，但是，这也是在其长期的实践基础上总结出来的经验。也就是说，经过大量的调查，不断反思，他们逐渐总结出了一套属于自己的思维方式。

没有全面调查就轻易发言，是不良的表达习惯。在家庭教育中，一些家长一看到孩子犯了错就本能地发火，不管三七二十一先骂孩子一顿，从没想先了解一下事情的前因后果。

年龄尚小的孩子由于表达能力欠缺，很难将心中的想法完整、恰当地表达出来，这时候家长应静下心来，耐心地询问和倾听，鼓励孩子说出自己的想法。

在家庭教育中，这种轻易下结论的错误是很常见的，也是家长很容易犯的错误。家长没有弄明白原因就轻易否定、冤枉孩子，这种“以为是”“应该是”“肯定是”而实际上“根本不是”的做法，容易使家长误会孩子，与孩子之间产生隔阂，伤害孩子的内心。

因此，没有全面调查就不要轻易发言。在工作中也是如此。

某公司的市场调查员李雷雷因为提供了错误的市场信息，使公司遭受了重大损失。对于这样严重的失职行为，公司领导可以对他进行严厉的处罚，甚至让他离职。

但公司领导并没有冲李雷雷发火，而是压下了心中的怒火，因为领导想知道损失到底是什么原因导致的。李雷雷被叫去谈话后，领导心平气和地说：“你先把这次信息判断失误的原因总结一下，写一份报告交上来吧。”

这件事情就这样拖了一段时间，几个月后，公司因为李雷雷提供的详细、精准的报告稳稳地大赚了一笔。于是，领导又把李雷雷叫去，对他说：“我看了你上次写的报告，很详细。从中可以看出，上次的信息失误是不可预测的客观原因造成的，因此公司决定免除对你的处罚。你也不要再把这件事放在心上了，以后多吸取教训就行了。这一次，你为公司提供了重要的信息，公司对你提出表扬，并给予一些奖励。”

说着，领导拿出一个红包递给李雷雷，他当时心里感动极了。

没有全面调查，就不要轻易发言。这里面包含了一个深刻的道理，那就是只有真正做过调查的人才能掌握实际情况，才能让对方心服口服。案例中的公司领导在发现问题后，没有在第一时间对员工发火，而是让对方做了一份详细的报告，从中了解了真正的原因。

领导者只有通过调查，才能发现存在的问题，找出问题产生的原因。这对领导者做出正确的决策至关重要。

因此，遇到问题时，你需要静下心来，把问题想清楚，理清思绪，尽量考虑全面，最好进行全面调查，让自己的思维严谨起来，不要说一些没有根据的话。

说话要言之有物，善用“5W”表达技巧

空洞的观点和说教，不但让人觉得你说的话缺少可信度，久而久之，更让人对你产生厌烦感。而说话言之有物，表达的内容就会充实，不仅能让你的话更有说服力，而且能让对方觉得你很沉稳，说话有理有据。

在平常说话的时候，你是否经常觉得自己的表达空洞、缺乏内容，不容易被他人记住？这是为什么呢？其实就是说话“言之无物”所致。

王东是一个活跃分子，不管什么事情他几乎都要参与一下，不论什么话题他都能接得上。因此，他觉得自己的交际能力还不错。但是，事实并非如此。

有一次，朋友们正在讨论去看新上映的电影，他突然说：“这个电影的结尾不好，没有新意。”当大家等着他分析更精彩的部分时，他却什么也不说了，还疑惑地看着大家问：“怎么了？我哪里说错了吗？”

还有一次，他和几个同事准备去聚餐，等大家决定去某家饭店时，他说："那家饭店的菜不好吃，不要去那家。"当别人问他为什么不好吃时，他却说不出原因。慢慢地，大家都觉得王东说话不着调，于是谁也不愿意搭理他了。

上面案例中的王东虽然喜欢表达，但他仅仅表达了自己的主观感受，并没有进行更深入的思考，也没有什么事实作为依据。这样的表达方式会让对方觉得你说话空洞，说的内容也没有依据。

美国斯坦福大学组织行为学博士科里·帕特森说："事实是最不会引起争议的内容。从事实谈起可以为你的对话提供安全的出发点。由于具备高度的客观性，事实是最不会引起争议的内容。和主观判断相比，事实还具有说服力更强的特点。事实是构成信念的基础，如果你想说服别人，注意不要一上来就在对话中抛出个人想法，你应当在事实的基础上展开对话。"

俗话说："有理走遍天下，无理寸步难行。"这里的"理"不仅是指观点，还指支撑观点的理由或论据。如果你说话时论据不够完整且表达具有跳跃性，就不能很好地向对方传达自己的论据和结论。论据一旦有所缺失，就难以使别人接受你的结论，你也不能准确、完整地传达信息。

那么，如何让说话言之有物呢？"5W"表达技巧可以帮助你向对方传达充实、有说服力的信息。

所谓"5W"，是指What（是什么）、Why（为什么）、When（什么时间）、Who（谁）、Where（什么地方）。但是，这必须建立在说实话的基础上，因为只有实话才有充实而清晰的细节，也只有这样的细节才使你说话“言之有物”。

周鑫和马东在经人介绍后，约定了某周六见面相亲。既然是相亲，双方自然就少不了一番增进彼此了解的询问。

周鑫问：“现在我们分隔两地，假如我和你走到一起的话，你如何解决这个问题呢？”

马东微笑着说：“这个好说。如果你不方便来我工作的城市，我可以去你工作的城市，正好我们公司在你所在的城市有分公司，而且我和领导关系也不错。我相信我有能力协调好，让领导帮我在一两年内调到你的城市。”

周鑫对马东的回答很满意，说道：“你想得很周到。”这样，两个人慢慢地对彼此产生了好感，聊得很愉快。

马东的回答很好地解决了周鑫的提问，他的回答中包含了“5W”表达技巧中的多项信息，这让周鑫对马东产生了好感。When：两年内，时间具体。Where：我去你那里。Who：我，不是你。What：工作调动，给人信赖感。这样的回答是具有说服力的，给人实在、靠谱的感受。

为了使你说话言之有物，“5W”表达技巧可以用于很多场合中。除了上面的场合之外，还可以用于工作中，这是非常有效的一种方法。

假如欠缺“5W”表达技巧中的任何一个要素，即使做出提案也不可能推进谈话的进行。

比如，“对于我公司的利益构造需要从根本上进行改革”，如果没有决定好具体“做什么，如何做，由谁做，什么时候开始，为什么这样做”，那么就只是喊喊口号罢了。

不“以人为据”，说服表达更有逻辑

“以人为据”是一种常见的逻辑谬误。习惯使用这种诡辩术说话的人，往往已经理屈词穷，甚至把“某人”当成说服对方的绝招。

“以人为据”是在逻辑上“不能推出”的表现形式之一。它以人的地位高低、名声大小、关系亲疏、个人品质的好坏等作为立论或驳论的根据，而这些根据和论题本身的真假并没有必然的联系。

“以人为据”有两种表现形式：因人废言谬误和因人纳言谬误。

1. 因人废言

因人废言，指的是在论辩中，仅仅根据立论者的道德品质或自己对立论者的厌恶态度，而不考虑立论者的论断内容是否真实，也不根据逻辑反驳的规则和要求，就对立论者的论点加以否定而表现出来的一种谬误。

王凯是某大学哲学系的学生。一天晚饭后他到自习教室，手里捧着一本书专心致志地读着。这时，舍友张俊走过来，拍了拍他的肩膀问：“看什么书呢，这么入迷？”

王凯回过头惊讶地说："是你呀，我看的是AG写的《××》。"

"你难道不知道他是患精神病死于精神病医院的吗？他能写出什么好的文章来啊，大多是一些胡言乱语吧。"张俊不屑一顾地说。

在上面的案例中，张俊认为，AG写的是胡言乱语，其理由是他晚年死于精神病院。张俊可能从没读过他的作品，也不知道他到底写了些什么文章，只知道他患过精神病，就由此做出了此推断。但事实上，AG患精神病与他的著作的优劣是没有必然关系的。因此，张俊犯了因人废言的谬误。

另外，因人废言谬误还可能表现为根据某人的特殊身份来否认与其身份相关的言论。比如："别相信吴老师所提出的教师工资应随物价上涨而提高的意见，作为一名老师，他当然希望增加老师的工资。"

在表达时，你所说的观点如果不掺杂任何有关对方缺点的成见，就能够对对方的言论做出正确的评价，也就不会陷入此逻辑谬误中。

2. 因人纳言

因人纳言，指的是说话者试图通过诉诸专家或权威的意见来确定其结论，这是对权威的滥用。因人纳言，又称诉诸权威。在日常生活中，不乏这样一些人，他们打着"权威"或"专家"的幌子，利用大家盲目相信权威的心理来发表一些不当言论。

比如，下面的案例就能说明这一谬误。

有一家报社正在招聘编辑职位，前来报名的人很多，其中有许多高学历的面试者。

在面试的时候，主编先发给每位面试者一篇文章，让大家在规定的时间内修改完。

有一位自学成才者看到这篇文章后，发现有许多错误，便挥笔改了起来。当他修改完后，发现其他面试者都没动笔，都在看着自己。他感到很疑惑，就又通读了这篇文章，读到最后终于发现，上面写着“选自×××的《××》”。因为×××是名大家，所以他想：难道×××写的文章还有错误吗？但是，他很快冷静下来，相信自己所修改的。

主编收走试卷后，微笑着说道：“出题者犯了一个错误，本文的作者标错了。”最后，该报社录取了这位自学成才者。

在上面的案例中，为什么主编会淘汰那么多高学历者呢？原因在于，他们以人为据，犯了因人纳言的谬误。假如仔细分析，就可以发现其中有些句子（观点）经不起推敲，但因为作者的权威性，许多人觉得都是正确的。

总之，不管是因人废言还是因人纳言，都是不可取的论证。在表达过程中，你不能因为某个人有缺点或某个人很权威，就认定他的话是错误的或正确的。我们要从实际出发，并保持理性思考，保留质疑态度，来判断其中的真或假，这样的思维能力才是逻辑表达所需要的能力。

不原地兜圈子，说服的目的不是把人绕晕

有的人说话喜欢“原地兜圈子”，以为这样就能成功说服对方了。但实际上，当对方回过神后，就会明白你的理由并没有严谨的逻辑性。这样的表达方式犯了“循环论证”的逻辑谬误，容易让人心生厌烦。

循环论证，即论据的真实性依赖于论题的真实性。换句话说，在循环论证中，论证的前提就是论证的结论，因此又称为“先定结论”。这种表达方式就好像在原地兜圈子，根本就是徒劳无功，解决不了任何问题。

电视剧《士兵突击》中有这样一段经典的对白：

老　马：“可是什么有意义呢，许三多？人这辈子绝大多数时候都在做没意义的事情。”

许三多：“有意义的事就是好好活。”

老　马：“那什么是好好活呢？”

许三多：“好好活就是做有意义的事。”

剧中许三多的这两句话“有意义的事就是好好活”“好好活就是做有意义的事”流传很广。它传递出一种积极的生活态度，有一种鼓舞人心的力量。但是，从逻辑角度看，这两句回答是典型的循环论证。

又如，下面的对话同样是循环论证的例子：

瘦子问胖子：“你为什么长得这么胖了？”

胖子回答：“因为我吃得多，每天吃5顿饭，每顿都吃得很多。”

瘦子又问胖子：“你为什么吃得这么多啊，不能少吃点吗？”

胖子回答：“不能啊，因为我长得胖，如果我吃得少就会很饿啊！”

胖子的回答幽默风趣，同时也让人很无语，因为这样的回答毫无意义。案例中先是以“吃得多”为理由解释“长得胖”，随后又以“长得胖”为理由解释“吃得多”。胖子的这种论证，就是循环论证，是在兜圈子，说来说去，他的回答并不能解决瘦子的疑问。

▷延伸阅读：增强说服力的二十个原则

美国风险投资家詹森·纳扎尔在研究了当今很有影响力的政治、社会、商业和宗教领袖后，总结了增强说服力的二十个原则。

1. 说服不是操纵

操纵是通过强力胁迫别人做自己不愿意做的事情。说服是让别人去做对自己最有利的事情。

2. 你不可能说服所有人

你不可能在短期内说服所有人。说服的第一步始终是确定那些在短期内有可能被你说服的人，并将精力集中在他们身上。

3. 环境和时机

环境大致决定什么是人们可以接受的。斯坦福囚徒实验证明，环境对大多数人具有决定性的影响。时机决定人们在某个时候的需要。

4. 对别人感兴趣

人们都对自己最感兴趣，大部分时间考虑的都是自己的健康、爱情或财富。说服的艺术首先是学习怎样始终如一地谈论对方，如果你这样做的话，你将能够始终吸引对方的注意力。

5. 互惠规则

互惠是我们作为人类不同于其他物种的一个特性。更重要的是，你可以杠杆式地运用这种互惠原则。凡事多为别人考虑几分，别人将回报你更多，而且这是别人乐意做的。

6. 坚持就是力量

坚持不懈的人是最有说服力的。许多历史人物都是靠坚持不懈的努力最终说服人民群众的。比如，林肯曾经八次竞选失败，但他一直坚持，最终当选为美国总统。

7. 真诚地赞美

我们都喜欢得到赞美，并且很容易受其影响，我们更容易相信那些我们对之怀有好感的人。尝试去真诚地赞美别人，这是说服别人最简单的方式，而且这样做毫不破费，只需要片刻的思考。

8. 不做假设

永远不要假设别人需要什么，你要做的是提供价值。尤其在销售过程中，很多人经常怯于推销自己的产品或服务，因为他们认为别人支付不起或者没有兴趣。不要假设别人不想要，勇敢地推销你的产品或服务，让客户自行选择。

9. 创造短缺

除了生活必需品，几乎所有东西的价值都是根据其稀缺性来确定的。如果你希望有人想得到你提供的东西，你必须使这种东西变得短缺。

10. 制造紧迫感

如果人们没有足够的动力马上行动，很可能他们永远不会行动。

制造紧迫感可以促使对方马上采取行动。

11．视觉效应

通常，我们看到的比我们听到的更有说服力。所以要使你给别人留下的第一印象尽善尽美，让对方首先对你有良好的印象。

12．说出真相

有些时候，说服别人最有效的方法是说出别人不容易听到的真相。直面严酷的事实真相是我们生活中最惊心动魄、最有意义的事件。将真相告诉对方，但不要议论，你往往会发现对方的反应十分惊人。

13．建立默契

通过有意地与对方的习惯性行为（身体语言、节奏和语言模式等）协调一致，你就可以在你与对方之间建立一种默契。这种默契会让对方倍感舒适，并更容易令对方接受你的建议。

14．行为弹性

孩子往往很有说服力，因为他们会通过一连串的行为（噘嘴、哭泣、恳求、撒娇等）去得到他们想要的东西。你的行为越有弹性，你就越有说服力。

15．学会传递能量

有说服力的人懂得如何将自己的能量传递给别人，激励和鼓舞他们。这有时只需要简单的眼神或身体接触、笑声、热情的口头回应，或者仅仅只是积极地倾听。

16．清晰表达

要想说服对方，首先要让对方能听明白你说的话，因此你需要有清晰的表达。

17. 不打无准备的仗

细致的准备工作通向有效的说服。比如，你去某公司应聘，如果你十分熟悉该公司的产品、服务和背景，你的面试通过率就会大大提高。

18. 保持超脱和冷静

一个“情绪失控”的人不可能有说服力。在紧张的冲突中，人们将会转向那些能够控制自己情绪的人，如果你能始终保持冷静、超然和理智，你就是有说服力的人。

19. 利用愤怒

有时候愤怒也是可以利用的。在冲突引起的愤怒中，大多数人都会感到不舒服。如果紧张和冲突升级，在许多情况下，其他人就会因愤怒而退缩。使用这种方式需谨慎，不要在情绪激动或者情绪失控的时候使用它。

20. 自信

没有什么品质比自信更引人注目、更令人陶醉和更有吸引力。如果你真的相信你所做的事情，你往往也能说服别人。

第九章

准确把握思路，用逻辑线进行有效回答

沟通是一个双向互动的过程，有问话就有答话。无论对方说了什么，你都应该做出正确的回话。假如只有对方说，你却不回话或答非所问，就容易出现“沟而不通”的现象。

你需要掌握这些技巧：搞清对方的问题，做出精心的准备，看清说话对象是谁以及掌握面对高难度的问题时的回话策略，等等。

转移话题，你的所答非所问

转移话题是逻辑谬误中的一种，即我们常说的离题、跑题，指的是在同一个思维过程中将两个不同的论题混淆起来，把正在讨论的论题抛到一边，用另外一个论题去代替原来的论题。

在回话时，答非所问是转移话题的一种具体表现，同时也是生活中常有的现象。这种回话方式通常会让对方很厌烦，影响沟通的有效进行。比如：

对话一：

妈妈："你和男朋友去哪儿了？你为什么对我撒谎？"

女儿："您总是挑我的错。"

在这段对话中，女儿将"跟男朋友去哪儿了"这个问题转移到了"总是挑我的错"。她的回答与妈妈的问题是"驴唇不对马嘴"。

对话二：

领导："王硕，这个星期你已经迟到三次了，今天为什么又迟到呢？"

王硕："领导，我迟到是有原因的。第一次是因为闹钟坏了，第二次是因为孩子拉肚子，赶来的路上又遇到堵车……总之，奶爸真不好当啊！"

在上面的案例中，王硕完全是答非所问，因为领导问的是"今天为什么迟到"，而他回答的是前两次迟到的原因。很显然，他的回答和领导的问题并没有直接联系。

拿破仑·波拿巴是一位卓越的军事天才，他带领军队多次取得了战争的胜利。在拿破仑的军队里，有一个对法语一窍不通的瑞典人，平时和法国伙伴沟通时比画着交流，倒也没什么问题。

一次，拿破仑要来检阅队伍。战友们提醒这个瑞典人："那伟大的人可能会问你几个问题。"他急坏了，害怕自己被问到。一个战友说："不要着急。听老兵说，拿破仑总是按同样的顺序问三个一样的问题。到时候如果问到你，你直接回答就是了。三个问题分别是你多大了，你在部队里服役多久，你是否参加过我指挥的两次大战。"瑞典人听了很高兴，这下好办了，只要记住这三个问题的答案："23岁，陛下"，"3年了，陛下"，"都参加了，陛下"。

检阅的日子终于到了，站在队伍前面的拿破仑用满意的目光望着士兵们。然后，他在军官们的陪同下一路检阅士兵，正巧他走到瑞典人面前停下来，问了几个问题。遗憾的是，这次拿破仑先问道："你在部队里服役多久了？"瑞典人大声回答道："23岁，陛下。"拿破仑听了不禁很吃惊，他接着好奇地问："你今年多大了？"瑞典人仍旧大声回答："3年了，陛下。"拿破仑被搞蒙了，他奇怪地看着瑞典人，又看了看身边的军官，他们尴尬地低下头。拿破仑吃惊又生气地说："是我疯了还是你疯了？""都参加了，陛下。"瑞典人自豪地说。

在上面的案例中，瑞典人由于不通法语，只好死记答案，结果导致拿破仑提问的问题与他回答的都对不上。这是回答跑题的具体表现。

那么，如何使自己在回话中不转移话题呢？

第一，牢记问题究竟是什么。在回答问题前，你要记住对方的问题到底是什么。第二，你是否真的回答了对方的问题。假如你已经回答了问题，也要思考一下回答本身是否针对这个问题。第三，回答时的理由是否和问题相关。即使你正面回答了问题，也要切记理由是否和结论相关。

正确回话，让沟通得以延续

沟通是一个双向互动的过程，有问话就有答话。当别人与你交谈时，如果只有对方说，你不回话或回话不到位，就容易出现沟通不畅。只有正确回话才能让沟通顺利地进行下去。

回话是一门学问，更是一门技术。回话不仅体现了一个人的口语表达能力，也展现了一个人灵活应变的论辩智慧和表达技巧。不善回话，让你遭人拒绝，错失机会；正确回话，让你受人欢迎，赢得机会。

面试官："说一说你进本公司的原因吧。"

应聘者A："因为贵公司在业界拥有领先的市场占有率，福利待遇优厚，而且MBA学历还可以享有公司出资的留学待遇，公司的这些条件都非常有吸引力。"

应聘者B："我想将贵公司的益智玩具推广到全国，使全国儿童的智力水平得到开发。"

结果，面试官选择了应聘者B。

面试官之所以选择应聘者B，是因为面试官想听的回答是“志向”，而不是“要求”。而应聘者A不合问题的回话，使他与该公司没有继续沟通下去的机会了。

总之，要想做出正确的回话，并不是难事，需要做到以下几点。

1. 回话要简短有力

苏联文学家高尔基说，如果一个人说起话来长篇大论，这就说明他也不甚明了自己说了些什么。因此，回话要简短有力，不拐弯抹角，必须抓住精髓，才能一语中的。

2. 回话要真诚恳切

有这样一句谚语：“真诚贵于珠宝，信实乃人民之珍。”回话不是敲击铜铃，而是敲击人们的“心铃”。因此，聪明的回话者总是用真挚的情感、坦诚的态度击响人们的“心铃”，用自己的心去弹拨他人的心。当对方感受到你的真诚时，他才会打开心门，接受你的回话，双方才能深入沟通。

3. 回话要首尾一贯

首尾统一、前后完整，这是对回话逻辑的一大基本要求。只有如此，回答才严谨完整，才有不容置疑的说服力。

4. 回话要明确

回话时，应避免拖泥带水，应直接回答对方的问题。尤其是在回答别人的严肃问题时，不要用一大堆话做铺垫。

搞清问题，做到胸有成竹地回话

回话时，不清楚对方的问题就马马虎虎地回复对方，会给对话制造障碍。要想准确回答对方，必须弄清楚真正问题是什么。

卡耐基说过，如何回答是一门学问。要注意听清楚对方所问的问题，准确理解对方问题的意思，抓住对方问题的实质，才不会出现答非所问的错误。

下面是在一家涂料店中，老板与客户的一段对话：

客户："假如质量有问题怎么办呢？"

老板："你的意思是涂料本身出现问题，还是涂料刷在墙上后装修效果出现问题？"

客户："有什么区别吗？"

老板："有区别的。由于涂料是半成品，任何一个施工环节做得不到位，都可能影响施工的质量。"

客户："快给我解释解释。"

老板："涂料的喷刷要考虑涂料比例、油漆工的水平和施工环境。

比如，涂料配比不合理，就会影响喷刷的效果……”

客户：“假如涂料质量有问题呢？”

老板：“涂料的质量有问题，你可以拿过来，我们包换包退。”

客户：“那给我拿5桶涂料吧。”

在上面案例中，老板不清楚客户的“假如质量有问题怎么办”这一问题到底是指涂料本身有问题还是刷出来后的效果不理想。因此，他为了弄清楚真正的问题，用了一个选择性提问去求证，最终解开了客户心中的疑惑，成功进行了交易。

要想弄清楚对方提出的问题是什么，首先应了解提问的几种常见类型。

（1）寻求事实型提问。这种提问只是为了确认具体的客观事实，几乎所有人都能熟练掌握，回答的方式也简明清晰，不需要太多技巧。

（2）综合型提问。这种提问是开放式的，好比考试中的主观题，能引导人们自由地选择回答的内容，让他们自我感觉良好。

（3）直接型提问。这种提问最简单，答案无外乎“是”或“不是”。直接型提问本身不带敌意，但使用过多就会给人一种被审问的感觉。

（4）寻求意见型提问。这种提问多见于征求对方的意见，并且给了回答者很大的选择空间。所有人都喜欢寻求意见型提问，因为那会给自己带来表现的机会。

（5）诱导性提问。这种提问在本质上相当于把话硬塞到别人嘴里，很容易激怒对方。

在非正式场合，假如对方提出的问题模糊不清，除了上面案例中老板运用的表达方式，你还可以运用下面两种技巧来搞清楚问题本身。

1. 将问题嵌入答案中

你可以将问题嵌入答案之中。这意味着在你回答问题的时候会重复问题的一部分。比如：

问题："你从我们的客户那里了解到了什么？"

回答："我们了解到的情况是客户很想要一些新的东西。"

将问题嵌入答案中，可以发挥下列作用：你重新陈述了一遍问题，这样每个人都能听到提出的问题是什么，并且不会觉得乏味；确保自己听到的问题正确无误；最重要的是，嵌入问题会使你用对方喜欢的"大脑语言"做出回答。每个人都有自己偏好的"大脑语言"或感觉形式，如视觉的、听觉的、感觉的、逻辑的或数字的等。（感觉型的人问："对于正在发生的事情，你做何感想？"正确的回答："我的感觉是……"）

2. 改述

有时候，你听到的问题不是很明确，这个时候，你需要让问题清晰化，将它进行改述。比如："那么，你想问的问题是我们是否同意这样做，是吗？"

另外，在正式场合，你可以在回答之前先大声重复一下问题。这样做的作用是：

（1）确保你正确无误地听到了提出的问题。假如你花了五分钟的时间回答问题，最后听众说“那不是我提出的问题”，这是很糟糕的。

（2）确保听你讲话的每个人都能听到问题是什么。

（3）给你留下三秒的宝贵时间，你的大脑需要利用这些时间去组织答案。

最后，假如你确实不知道如何回答，那么就实话实说吧。因为没有人能无所不知，承认自己不知道答案会为你赢得尊重和信誉。

精心准备，让回话思路更有逻辑

回话不能想回什么就回什么，而是要花些时间准备，尤其是在讲话或演讲的场合。因为如果没有准备，你的表达就不是意向明确的，你只不过是将你所想的说出来而已，那么听者也就没有兴趣听你的回话。

我们可以把回话比作一次聚会。你邀请人们参加聚会，肯定不会等到他们来了之后才打开冰箱看里面有什么东西。假如你是一位好客的主人，那么，你会花些时间思考客人的情况：谁会来？什么时候来？需要准备哪些菜？等等。答案都在你的准备过程中。

回话也需要准备，而不是急急忙忙、慌慌张张地在极短的时间内回答对方的话题，那样往往会使你的回话答非所问，不是闹出笑话，就是陷入窘境，使沟通受阻。因此，在回话前，你应当把别人的问题在大脑中快速地进行一番思考和过滤，并想好怎么回答。

下面是准备过程的三个步骤，一旦你掌握了其中的原则，随着说话技巧的提高，这些步骤会帮助你获得成功。

1. 确定你想要的结果

在回答之前，如果你不明确自己想要的结果的话，你的回话仅仅是在传递信息，甚至只是在试图将你知道的事情抛向对方。你想要的结果，一定要具体、明确，并且是能够实现的。

“谈话结束时，董事会将同意向我们的一期项目提供资金。”（√）

“谈话结束时，我的听众将会理解……”（√）

在陈述你的结果时，尽量避免以下开头：“他们将更理解……”“我将告诉他们……”“他们将知道……”“他们将考虑……”这样的开头会让你的回话含糊不清。

2. 找出关联性

要想找出关联性，就要从听众的角度去准备。任何说话者都可能犯一个大错误，即没有明确为什么对方应当重视你的回话，而是直接向对方传递信息。假如没有人在乎你说的话，也就没有人会听你说什么。

你只要问自己几个问题，就会明白说话要有关联性的意义：为什么对方要重视你的回话？对对方来说你的回话有什么价值？这就完成了三件重要的事情：

（1）让对方兴致盎然、全神贯注。

（2）直接向对方证明你心里装着他们最感兴趣的话题。

（3）避免对方发出“与我无关”的抱怨。

3. 提炼观点

观点是说话的核心，应贯穿于回话的始终，在回话中起着纲领性作用。当然，与话题无关联的观点，会使回话跑题。因此，提炼的回话观点应是与话题相关的、集中的，并且是主次分明的。

明确结果、找到关联性、提炼观点花不了多长时间，却会极大地提高你表达的影响力。简单的准备能使你的回话思路更有逻辑。

射箭要看靶子，回话要看对象

回话有很多讲究。对于不同的人，应该回不同的话。如果不注意回话的对象，就会给自己带来很多不必要的麻烦。

俗话说："到什么山唱什么歌，见什么人说什么话。"任何沟通都离不开特定的对象，回话也一样。要使回话达到既定的目的，必须知己知彼、有的放矢，根据回话对象的实际情况，如年龄、性别、身份、文化程度、性格、心理等因素，有针对性地确定回话的内容和方式。

两千多年前，大思想家、教育家孔子就已经认识到回话要考虑对方的情况。他在回答不同学生的提问时，会考虑对方的性格。

据《论语》记载，学生子路问孔子："学了礼乐，就可以行动起来吗？"

孔子说："有父兄在，怎么能行动起来呢？应当先听听父兄的意见。"

接着，学生冉有问同样的问题时，孔子却说："好啊，学了礼乐，就应该马上行动起来嘛！"

孔子的另一个学生公西华听到了，对此感到很疑惑，就向孔子请教。孔子说："子路好胜心强，做事有点鲁莽，所以我用否定的回答劝阻他，让他冷静点；冉有做事不够果断，前怕狼后怕虎，所以我用肯定性的回答给他壮胆，鼓励他勇往直前。"

案例中孔子的两个学生子路和冉有向孔子提出同样的问题，得到孔子截然不同的回答。孔子的做法给了我们一些启示：回话应该针对不同对象的不同情况，采取不同的策略以及不同的语言表达。

相反，如果你不分回话对象，心里想什么就说什么，就会在不知不觉中得罪很多人，给自己带来很多不必要的麻烦，甚至造成一些无法挽回的损失。

下面是老李和小王之间的对话。（老李是零售商，小王是老李的供货商。）

老李："小王，你终于给我打电话了，我店里已经缺了好几样货了。什么时候过来送点货啊？"

小王："你小子也不知道提前联系我，我怎么知道你的货什么时候卖完啊！"

老李心想：这小王真是没大没小，居然用这种态度和我说话。他强忍着怒气说道："你是供货商，你服务应周到一些啊，应经常问问我们这些零售商的销售情况。"

小王："到底要多少货，有话快说，我这儿还有事呢！"

老李听到小王这样说，没有回话，直接挂断了电话。

小王用这样的回话方式，说明他是一个说话粗鲁、没大没小的人。另外，在和年长的老李对话时，小王也没有考虑到回话对象的年龄和身份，使老李感到非常生气，直接挂断了小王的电话。因此，回话时，一定要注意对方的具体情况，不要用同样的态度对待所有人，否则对自己毫无益处。

每个人都应该掌握因人而异的回话技巧。比如：

1. 看性格

对待慢性子的人，回话时考虑的时间可以适当加长，而不是对方一说完，你就马上回答，这会给对方造成压力感；对待急性子的人，回话要适当快一点，不要拖拖拉拉。

对于稳重严谨的人，回话时要注意态度，既不能高谈阔论，也不可巧舌如簧，应直而不曲，话语虽简单，但言之有物，给人以老实、敦厚的印象；对于直爽的人，回话时要坦承，知无不言，言无不尽。

2. 看身份

向长辈回话时，应保持谦虚的态度，因为无论如何，长辈的经验要丰富得多；向后辈回话时，应沉着、稳重一些，因为后辈一般缺乏经验，你可以给他们提一些有用的建议。

向比自己地位低的人回话时，你要表现出庄重、和善的样子，要让他觉得你对他所说的话感兴趣，避免露出“支配者”的面孔。比如，你在和下属谈话时，可以夸奖他的工作出色，但切忌讲话太多，也不能太显亲密。

重构挑衅性问题，有效处理高难度回话

有时候，你会遇到特别不友好的提问者，他们试图让你落入陷阱。面对咄咄逼人的问题，你要避免与提问者针锋相对，这不利于你们之间的沟通，是不明智的选择。你要针对问题背后真正关键的内容来回答，也就是对问题进行重构。

当面对一些不友好或带有挑衅性的问题时，很多人会感到不爽。这个时候，他们还击、发怒、反唇相讥或愤然离开，往往是很常见的。但这样对双方真的有利吗？以这样的方式和对方说话，会达到你想要的目的吗？当然不能。

日本合气道防卫原则教导我们：不要以相反的力道应对来袭者，而要引导袭来的力量改变方向，这样的方式既保护了自己，也保护了对手。记住，你必须同时保护你们两个人的尊严。假如你做不到这一点，对方也不会做到。同时，面对挑衅性问题，也不要将问题嵌入答案中，这会使问题在对方的脑海中进一步加强。比如：

问：“这个项目为什么耗资这么多？”

答：“我们耗资这么多是因为……”

问："你没有足够的时间与你的团队在一起，你如何处理这件事？"

答："我会……"

问："你为什么要对我撒谎？"

答："因为我……"

上面这样的回话会使你陷入不利的境况中。你可以对问题进行重构，也就是针对问题背后的关键内容进行回答。对于上面的第一个问题，可以这样重构："这是一个为了完成项目追加投资的问题。在核查该工程的时候，我们发现大楼的材料出现了问题，处理这些问题需要投入的资金是原计划的三倍。"

当然，重构不是在逃避问题，而是让你脱离被"攻击"的情况，既能解决对方的问题，又不伤害对方的感情。

总之，不管在何种场合，面对这样的问题，重构都是一个很好的方法。其中需要一些具体的技巧：

（1）不重复对方的话。

（2）纠正误解，做出正确的陈述。比如："我纠正一下，我非常认真地履行我的纳税义务。在国税局我有完备的记录，我打算一直坚持下去。"

（3）坚定而礼貌地摆脱提问者的问题，明确表明你不再与他有任何纠缠。就像彼得·迈尔斯的父亲经常说过的一句话："切勿与猪格斗。你们都会被弄脏——猪喜欢脏，而你不喜欢。"

▷延伸阅读：面试中几个问题的回答思路

在面试过程中，面试官会向应聘者发问，而应聘者的回答将成为面试官决定是否录用他的重要依据。下面的内容是对面试中经常出现的一些典型问题的整理，并给出了相应的回答思路。作为面试者，关键是要从这些分析中总结出面试的规律以及回答问题的思路。

问题1："请你自我介绍一下。"

自我介绍是表达的基本功，也是当众讲话场面中不可缺少的环节。古人云："知人者智，自知者明。"要想给自己一个准确的定义，可不是一件容易的事。自我介绍直接关系到你给别人留下的第一印象，往往也会影响你的面试结果。

通常，一些人在自我介绍时，只会说到姓名、年龄、爱好、工作经验，而这些在简历上都有出现。其实，面试官最想知道的是你能否胜任这份工作，比如，你的技能、你所擅长的领域、你做过的最成功的事以及你的主要成就等。这些可以和学习无关，也可以和学习有关，关键是要突出你的积极个性和做事的能力。

同时，回答问题时要有条理，层次要分明。最好提前把这些内容列一个提纲，按照几个点在家多练习几遍。

问题2：“谈谈你的家庭情况。”

面试时，面试官询问家庭情况不是非要探究隐私，而是要了解家庭背景对你的影响和塑造。面试官相信，和睦的家庭关系对一个人的健康成长有潜移默化的影响。

面试官想听到：“我很爱我的家庭，我的家庭一向很和睦。虽然我的父亲和母亲都是普通人，但是他们对我有很深的影响。从小我就看到我父亲起早贪黑，每天工作特别勤劳，他的行动无形中培养了我认真负责的态度和勤劳的精神；我的母亲为人善良、对人热情，特别乐于助人，所以在单位人缘很好，她的一言一行一直在教导我做人的道理。”

问题3：“谈谈你的缺点。”

这个问题是面试官经常提问到的问题。回答这个问题时，不要直接说你的缺点，如很懒、工作效率不高、爱嫉妒、小心眼、爱发脾气等，这样的回答肯定不会令面试官录用你。但是，也不要自作聪明地回答“我最大的缺点就是太完美”，一些人认为这样回答会显得自己很出色，但其实这并不是好的回答。

面试官喜欢求职者在说起优点时，同时也说一些缺点，最后回到优点上，突出优点的部分。如果非要说一些缺点，你可以说一些对于应聘工作“无关紧要”的缺点，甚至表面上看是缺点，但从工作角度看是优点的缺点。

问题4：“我们为什么要录用你？”

要想回答好这个问题，你要抓住三点：一是你可以做出的贡献；二是你的适应能力很强，可以很快适应团队和公司的文化；三是你很努力，可以举一些例子来说明。只要回答好这三点，相信这个问题肯定会轻松过关的。

问题5：“你是应届毕业生，缺乏经验，如何能胜任这项工作？”

如果面试官提出这个问题，说明面试官并不是真正在乎“经验”，关键看你怎样回答。对这个问题的回答最好体现出你的诚恳、机智、果敢及敬业。比如：

“我作为应届毕业生，在工作经验方面的确有所欠缺。在上学期间，我一直利用各种机会在这个行业里做兼职。我也发现，实际工作所需的知识远比书本中的知识丰富、复杂。但我有较强的责任心、适应能力和学习能力，而且比较勤奋，所以在兼职时均能圆满完成各项工作，从中获取的经验也令我受益匪浅。请贵公司放心，学校所学及兼职的工作经验一定能使我胜任这个职位。”

问题6：“从上一家公司离职的原因是什么？”

这个问题是比较棘手的，回答时的一个原则就是不可以说前公司的任何坏话，比如“太辛苦”“人际关系复杂”“管理太混乱”“公司不重视人才”“公司排斥我们某部门的员工”等。你可以通过回答一些无关紧要的客观原因，尽量使离职的原因为你的个人形象添彩。

问题7：“你朋友对你的评价是什么？”

其实，面试官是想从侧面了解你的性格以及人际关系的问题。比如：“我的朋友都说我是一个可以信赖的人。因为我一旦答应别人的事情，就一定会做到。如果我做不到，我就不会轻易许诺。”“我是一个比较随和的人，与不同的人都可以友好相处。在与人相处时，我总是能站在别人的角度考虑问题。”

问题8：“你还有什么要问的吗？”

面试官提问你这个问题，一般是在面试快要结束的时候。面试官为了进一步了解你，便通过这个问题来弥补面试中可能遗漏掉的问题，这个问题起到很大的作用。因此你要切记，最好不要说什么问题都没有，而是提一到两个有关职位及部门或者公司的问题。

总之，在面试中你在回答面试官提出的问题时，针对不同的公司和职业，回答肯定是有所不同的，但是万变不离其宗，只要把握原则，那么在回答的时候就不会出错了。

第十章

错误解读，容易产生错误的逻辑表达

错误解读是指当一个人对其他人的言辞、表情、肢体动作有所误解，同时又依据这些误解去推理的过程。在生活中，因为理解角度不同、彼此缺乏了解、沟通不畅，或道听途说、旁人挑唆、断章取义等原因，人们之间难免发生误解，从而产生错误表达。

错误的思考，容易导致错误的表达

假如一个人在思考上的认识是错误的，就会引起语言表达上的错误。这就犯了“错误解读”的逻辑谬误。

俄国政论家、文学批评家皮萨列夫说：“思想上的错误会引起语言上的错误，言论上的错误会引起行动上的错误。”下面的对话就是一个典型的错误解读的例子：

丽丽对小伙伴说：“东东在上课时常常盯着我看，大概是很喜欢我吧。”

丽丽很好奇地跑去问东东，东东回答：“没有啊，我一直都专心看黑板。”

丽丽说：“你真没礼貌，跟我说话都不看我，还看着旁边。”

东东说：“哦，对不起啊，我有斜视。”

丽丽觉得东东“常盯着她看”这一行为是表示“喜欢她”。事实上，东东“常盯着她看”是因为他“有斜视”。因此，丽丽错误解读了东东的这一行为，还对小伙伴说了“东东喜欢她”这一错误的言论。

另外，传言有时也会造成“错误解读”。当有人跟你说某人在背后说了你什么坏话时，有趣的是，通常人们都会将此想象成一种恶意。然而，事实究竟如何是很难说的，假如你还原当时的情景，即使传达者毫无错误地转述了别人所说的坏话，它的意思有时也可能与原来的很不一样，更不用说转述者常会传达失真了。

常言道：“眼见为实，耳听为虚。”一传十、十传百的事情多半掺杂了夸大和虚假成分，有的甚至以讹传讹，不足为信。因此，很多人认为眼睛看到的才是最真实可靠的。但有的时候，眼睛看见的未必就和你想的一样，比如下面孔子误解颜回的故事。

孔子带领他的弟子们周游列国，走到陈国的时候受到当地人的误解，被围困起来，大家七天都没吃饭，一个个饿得眼冒金星。孔子有气无力地躺在那里，连头都不想抬了。

一天，孔子的弟子颜回好不容易讨回来一些白米煮饭，饭快要煮熟的时候，孔子看到颜回掀起锅盖，抓起白饭往嘴里塞。孔子装作没有看见，当颜回进来请孔子吃饭时，孔子若有所思地说：“刚才梦到祖先来找我，说食物要先献给尊长才能进食，岂可自己先吃呢？”

颜回一听，连忙解释说：“夫子误会了，刚才我是因看见有煤灰掉到锅中，所以把弄脏的饭粒拿起来吃了。”

孔子听了，恍然大悟，抱歉地说：“我平常对颜回最信任，尚且会怀疑他，可见我们的内心是最难确定的。大家要记住这件事情啊，要了解一个人，还真是不容易啊！”

连孔圣人也会对自己最信任的弟子起疑心，更何况普通人呢？许多人因为自己的眼睛所见、心里所想，就轻易对别人产生误会。

总之，“错误解读”在日常生活中经常发生，每一个人都应该学会辨识生活中常犯的错误思考。这需要你做到不要随意用自己的看法去度量别人。

导致误解与被误解的四大原因

对那些和我们产生交集的人，我们会希望他们帮助我们真正了解他们所传递的信息，无论是语言、动作还是其他；同样我们也希望，自己传递给对方的信息不被对方误解。然而，这真的很难。

在职场、亲人、朋友之间，误解屡见不鲜。美国社会心理学霍尔沃森教授做过大量的有关“误解”的研究，指出导致误解和被误解的四大原因。具体内容如下：

1. 认知偏差

心理学中有一个分支：认知心理学。它致力于研究我们对这个世界的认知。认知心理学家经过多年的研究和论证，总结出了一组认知偏差。认知偏差是人们在知觉自身、他人或外部环境时，常因自身或情境使得知觉结果出现失真的现象。

其中，在人际交往中有两种方式是较容易导致误解和被误解的：透明错觉和首因效应。

（1）透明错觉。透明错觉，就是你以为自己是透明的，别人应该知道你的所思所想。但你几乎意识不到自己犯过这样的错误，你可能还经常抱怨“我已经说得很清楚了”“我已经很真诚、很坦诚了”。

（2）首因效应。首因效应，也叫首次效应、优先效应或第一印象效应，是指交往双方形成的第一印象对以后交往关系的影响，即先入为主带来的效果。虽然这些第一印象并非总是正确的，却是最鲜明、最牢固的，并且影响以后双方交往的进程。

2. 归因理论

在社会心理学中，有一种归因理论，是关于个人阐释他人或自己行为原因的社会认知理论。比如，你去拜访某位老师，进入他的办公室，发现整个房间很乱：书架上的书没有摆放整齐，写字台上的几支笔零乱地放着……这个时候，你通常会尝试寻找“老师办公室乱”的原因。

在归因理论中，和人际关系中误解关系最为紧密的是内在归因和外在归因。而研究表明，很多时候，人们都会对眼前这个人的言行进行内在归因，而忽略同等重要的外在归因。比如上面的案例中，人们通常会认为“这位老师一定是个邋遢的人”，而不会去想“老师是个整洁的人，他正准备整理一下”。

3. 双系统理论

诺贝尔奖获得者卡尼曼教授认为：人在接收到另一个人传递给自己的信息时，大脑中会有两个系统对这些信息进行处理。双系统是指系统1和系统2。

双系统是指大脑对一切事物的两种反应模式，它可以用情绪或理性来表述，或者用直觉或逻辑来表述。在思考快与慢中，指的是反应很快的系统1和反应很慢的系统2。

4. 文化差异

人与人之间文化差异的存在，很容易造成误解。比如，其中肢体语言的差异：

（1）表示同意。通常我们认为允许或同意用点头来表示，但在尼泊尔、印度、保加利亚等国家，摇头表示的才是“同意”，而点头表示的是“不认可、不同意”。

（2）表示叫别人过来。中国人叫别人过来的肢体语言是把手伸向被叫人，手心向下，几个手指同时弯曲几次；而美国人的肢体语言为把手伸向被叫人，手心向上，握拳用食指前后摆动。

（3）表示丢人（开玩笑时用）。中国人伸出食指在脸上刮几下，而美国人则是伸出两只手的食指，手心向下，用一个食指擦另一个食指的背面。

（4）表示赞扬。中国人竖起拇指表示赞扬，伸出小指表示“差，坏”；美国人将拇指朝上表示要求搭便车，将拇指朝下则表示“坏”；日本人伸出小指表示情人。

误解对方时，要带着真诚的心去化解

双方之间做到完全理解是很难的。当你误解别人时，关键是要带着一颗真诚的心去交流与沟通。

巴尔扎克说过："只有打算开诚布公的人们，彼此之间才能建立起心灵上的交流。"假如你想修复双方的关系，想了解对方的真实想法，那么你首先要有真诚的姿态，给予对方信任，才可获得真诚的交流。否则，对方会拒绝与你进一步交流。

当误会来临时，双方不能坦诚相待，通常会产生两种心理：一种是把双方之间的情谊看作无坚不摧，认为既然是好友，就不应该计较一些琐事，误会压根就不该产生，解释也是多余的；另一种则是站在对方的立场考虑问题，认为对方误会自己其实是在乎自己的表现。误会既然产生，就要认真对待，了解对方的心思，找到问题产生的根源，以真诚的心积极化解，让友谊不受丝毫影响。

1. 真诚道歉

当你误解对方时，应向对方真诚道歉，说声"对不起"。要想做到真诚道歉，就必须主动承认自己的错误。比如：

“我在弄清楚事实之前，就说你这样做是错误的，是我误会你了，为此我要向你道歉。”

科里·帕森特曾指出：“如果你的行为让对方感觉你对共同目的的尊重和承诺值得怀疑，在做出真诚道歉之前，你和对方的对话肯定会陷入愚蠢的错误和令人失望的误解中。”

2. 尽量从“我”的角度来陈述

在化解误解的过程中，表达感情或陈述推测时，应尽量从“我”的角度去表达。比如：

“我当时是这么想的……”

“我之所以会这么说，是因为……”

“我觉得自己现在的感觉是……”

“我的理解是，你现在为这件事感到伤心多过愤怒……”

这会让对方有机会去解释：“虽然你是这么想的，但是我想表达的是……”

记住一点，你可以说对方的言行对你而言意味着什么，但必须是从你自己出发。而做到这一点的一个好办法就是说话尽量以“我”开始。

3. 做到真正的倾听

在别人说话时，其实很多人心里早已想好了要如何回复对方，或者早就认定了对方是怎样的人，但为了让自己看上去很有礼貌，而做出了认真倾听的样子。

做到真正的倾听应放下自己对这个人、这件事的偏见，拒绝任何先入为主的思维，甚至从对方的言语、行为中重新审视自己对这个人、这件事的认知。

总是被误解？其实是你不会表达

生活中充满着误解，如果你总是被误解，或许就不是对方的原因了，而是自己的表达方式出现了问题。

平时，许多人不太注重语言的严谨性，经常使用不恰当的语言，误解也就产生了。马歇尔·卢森堡在《非暴力沟通》中说道："我发现某些语言和表达方式的负面影响。它们致力于满足某种愿望，却倾向于忽视人的感受和需要，以致彼此的疏远和伤害。"

通常，不恰当的语言和表达方式包括四种：道德评判、进行比较、回避责任和强人所难。你需要有意识地规避这四种表达方式，以避免对方总是误解你。

1. 道德评判

道德评判是用道德标准来评判人。如果一个人的行为不符合正确的价值观，那他就会被看作不道德或邪恶的。比如：

"他对人有成见。"

"这是不恰当的。"

“你最大的缺点就是太自私。”

“他冷漠得像个木头人。”

类似这样的评论多暗含着我们的价值观及需要。但是，这样的表达方式很可能会招来敌意。即使对方接受批评，做出让步，通常也不是心甘情愿的。如果对方出于恐惧或内疚来迎合你，早晚你会发现对方不再那么友好。

2. 进行比较

比较是评判的一种形式。比如：

“你看那个小朋友，这次考试比你强多了。”

“你这个月的业绩不如上个月的。”

3. 回避责任

我们应对自己的思想、情感和行动负责。可是，人们经常使用“不得不”“你让我”这些短语。很显然，这样的表达方式淡化了个人责任，忽视了自身情感的内在根源。比如：

“我不得不这样做。”

“是你让我这样做的。”

4. 强人所难

强人所难往往暗含着威胁：假如不配合，就会受到惩罚。

那么，你如何更好地表达，才不容易被误解呢？

1. 仔细观察，并清晰表达

仔细观察正在发生的事情，并清楚地说出结果。但注意不要将观察和评论混为一谈，否则别人就会倾向于听到批评，并可能会反驳你。比如：

“王峰很差劲。”（×）

“王峰在五场比赛中没有踢进一个球。”（√）

2. 用丰富而准确的词语表达感受

清楚地表达内心的感受，需要丰富的词语。“很好”“很差”这样的词语很难让人明白你的实际情况。你可以用一些比较具体的表达感受的词语，比如高兴、振奋、害怕、担心、紧张、厌烦、不满、寂寞、郁闷、遗憾、惭愧等。

3. 直接说出对方的需要

如果你的朋友说“你从不理解我”，实际上他渴望得到理解；如果你的妻子说“这个星期你每天都加班到很晚，你喜欢工作，不喜欢我”，这其实反映了她看重你们之间的亲密关系。

这时，如果你通过批评来提出主张，对方的反应往往是申辩或反击；反之，如果你直接说出对方的需要，他就有可能做出积极的回应。

4. 直接说希望对方做什么

当你请求别人时，如果要想得到积极的回应，你就要清楚而具体地告诉对方，你希望他做什么。最好不要请求对方不要做什么，这会让他感到困惑，不知道你到底想要什么，并且这样的请求还容易引起对方的反感。

“请你不要花太多时间在工作上”（×）

“我希望你每周至少有一个晚上在家陪我。”（√）

因此，为了避免不必要的误解，你最好先在脑海里思考一下表达是否合理，语言是否恰当。

流言止于智者，避免陷入错误评论中

流言，指那些没有根据、没有得到求证的话，它主要是认知偏差造成的。虽然你不能管住别人的嘴，但你可以管住自己的。

有人生存的地方，就有流言是非。在社会心理学中，人们把流言对个人心理与行为造成的消极影响现象，称为“流言效应”。这种效应的影响很大。《战国策》中的一则故事能说明这一点。

曾参是孔子的学生。有一个和曾参同名同姓的老乡在外杀了人，于是有人将曾参杀人的消息告知了他的母亲。曾母正在织布，听到消息后说：“我的儿子不可能杀人。”然后再不理睬报信的人。过了一会儿，又有人跑到曾母面前说曾参杀人了，曾母还是不予理睬，继续织着布。等第三个报信的人说曾参杀了人时，曾母信了，变得紧张起来，并急忙扔下手中的活跑了。

这则故事说明，通常人们听到来自不同人的相同信息，往往会真的相信。曾参以好学和孝顺闻名于世，位列儒家五圣人之一，曾母对自己儿子的德行有充分的信任和了解。但是，当连续三个人都说曾参杀了人时，曾母对儿子却没了自信。

海涅在《法国的现状》中说："言语之力，大到可以从坟墓唤醒死人，可以把生者活埋，把侏儒变成巨无霸，把巨无霸彻底打垮。"由此可见，流言的威力有多大。

《荀子》曰："流丸止于瓯臾，流言止于智者。"在面对流言时，汉章帝做到了理智对待。

班超曾遭遇小人的恶意诋毁。班超长期经略西域，但因兵力不足，做事情有时难免顾此失彼。于是，他写信向汉章帝求援，汉章帝就派李邑带兵赴西域支援班超。但是，面对西域多国互相争斗的复杂局势，李邑刚走到于阗就感到害怕了。他上书汉章帝，没有报告自己胆小怕事，而是无中生有，大肆诋毁班超在西域拥妻抱子，只图自己享乐，将大事抛在脑后。

面对有关班超的流言，幸好汉章帝很明智，责备了造谣的李邑，并命令他继续前行支援班超。鉴于人言可畏，班超送走了妻子，不给别人继续攻击自己的机会。

那么在人际沟通中，面对流言，你应该如何做呢？

1. 真实描述事件，切记添油加醋

要做到真实描述事件，最主要的是管理好自己的思想，对自我进行控制。这样可以避免在讲故事的时候一片混乱。如果自己想要了解更多，可以去寻找答案，以获取真实的信息。

2. 适当做“零存在感”的人

当一些人正在聊八卦时，你不妨做“零存在感”的人，找个其他借口，表示不参与聊天。

3. 要有开阔的胸襟

当我们胸有格局，不把目光局限于琐碎之事，而是看得更高更远时，就不会轻易陷入别人的流言中。因为有大胸襟的人是不屑于去计较这些琐事的。

4. 有明辨是非的能力

流言之所以会起作用，是因为有很多听信流言并去传播的人。面对各种流言，你要有明辨是非的能力，不要轻易听信。你要意识到，听信并传播流言，也许会给他人带来不可预估的伤害。

▷延伸阅读：需避免的一些具有攻击性的表达

下面的11个问题的表达含有攻击性，这样的表达会让对方感到很不舒服。如果你能意识到其中的威胁，你就朝着逻辑表达大师这个目标又迈进了一大步。

1.“那你想让我怎么做？”

“那你想让我怎么做？”（×）

“很抱歉，我真的不知道怎么帮你。我也很想帮你，但我帮不了。”（√）

这句话是典型的逃避句式。当人们想要逃避责任的时候，就会用这个带有讽刺意味的句子。这样的话语只会让自己陷入更多的麻烦中。如果你真的没有能力解决一件事或无法协助一件事，你就要心平气和地说出事实，并向对方道歉。

2.“你不懂。”

“你不懂。”（×）

“我希望我能把这个解释明白……”（√）

“这或许有点难理解，但是……”（√）

预先对他人的理解能力下判断，很容易惹恼对方。对方没有说明白这件事情，也有可能是你没有成功地沟通，因此，不要提前将这个责任推到他人身上。应提前给对方一个提示，说明这个事情比较复杂，而且要让对方明白不理解也没关系。就像上面的两种正确的表达方式。

3.“因为这是规矩。”

“因为这是规矩。”（×）

“这样规定是因为……”（√）

“考虑到大家……”（√）

“因为这是规矩”这句话会让你看起来只关心自己的权威，而不管别人的心里是如何想的。如果你总是说这句话，对方就会明白你的命令没有任何逻辑支撑，这时候你就会处于弱势。最好的表达方式是解释清楚定下这些规矩的原因，特别是这些规矩考虑到了其他人的利益。

4.“这不关你的事。”

“这不关你的事。”（×）

“我不告诉你的原因是……”（√）

“跟这件事有关的一方不愿意我跟别人说，我想尊重他们的意愿。希望你能理解我。”（√）

告诉对方“这不关你的事”，只会引起冲突。如果你真的不想告诉对方，最好向他解释清楚为什么不能透露信息。比如，可以换成上面的两种正确表达方式。

5.“平静一下！”

“平静一下！”（×）

“一切都会好起来的。跟我说说，你遇到了什么问题？”（√）

“平静一下”听起来是在批评对方的行为，并暗示对方没有心烦意乱的权利。这会起到相反的作用，对方会更心烦。你应该冷静下来，温柔地跟对方说话。

6.“你到底有什么问题。”

“你到底有什么问题？”（×）

“有什么不对吗？我能帮到你什么呢？”（√）

对于“你到底有什么问题”这句话，对方最典型的反应就是开启防御模式。因为没有人喜欢承认自己有问题，而是宁愿自己去想解决办法。你可以换一种表达方式，这会使双方就此问题展开真正的讨论。

7.“过来！”

“过来！”（×）

“很抱歉，我需要花一点时间跟你谈谈。”（√）

“我能跟你谈谈吗？就耽误你一会儿。”（√）

“过来”一句实际的意思是“走开”。因为这句话中有威胁的意思。如果换成类似上面的两种正确表达，就会给对方一种有所选择的感觉，而实际上对方也会懂得说话者的意思。

8.“我不会再重复一遍我的话！”

“我不会再重复一遍我的话！”（×）

“你得明白这一点，这很重要。所以我再说一次，请认真听。”（√）

事实上，说完“我不会再重复一遍我的话”后，再重复一遍的可能性是极大的。这句话其实是在给自己“挖坑”，因为如果你真的不打算重复自己说过的话了，你就必须行动了，否则你将失去威信。

9.“我这么做是为你好。”

“我这么做是为你好。”（×）

“我这么做是为你好，比如……”（√）

口说无凭，单说这一句话会使对方难以理解。如果你的所作所为真的是为对方好的话，就应说出具体的理由或例子，让他清楚明白你的做法是如何为他好的。

10.“你从不/总是……”

“你从不/你总是……”（×）

“你迟到了，并且也没有提前告诉我，这会让我觉得你不在乎我的感受。”（√）

这种指责性的总结话语很少是真实的，并且一旦你得出这种结论，就意味着你已经失去了全局的观念，也失去了让对方认真听你说话的机会。你最好将这个不严谨的观念从脑中剔除，向对方寻求帮助。这至少会让对方向自己解释或道歉。

11.“你为什么不能讲点道理？”

“你为什么不能讲点道理？”（×）

“让我来试着表述一下，看我是否明白了你的立场。”（√）

“你为什么不能讲点道理”这句话暗示了一些侮辱性的指责，只会让你卷入一场争端中，因此请不要轻易说出这句话，而是要跟对方讲道理。

附录

Appendix

测试一：你的语言表达能力如何

下面是语言表达能力的小测试，每题均有两个答案："是"或"否"。答"是"得1分，答"否"不得分。

1. 你在表达自己的情感时，很难选择准确和恰到好处的词语。
2. 别人总是难以准确地理解你口语或非口语所要表达的意思。
3. 你不太善于和与你想法不一样的人交流感情。
4. 你认为连续不断地交谈很困难。
5. 你无法自如地表达你的感情。
6. 你时常避免表达自己的感受。
7. 在给一位不太熟悉的人打电话时，你会感到非常紧张。
8. 向他人打听事情对你来说很困难。
9. 你不习惯和他人聊天。
10. 你觉得同陌生人说话有些困难和不自然。

11. 同老师或上司谈话时，你会感到异常紧张。

12. 你在演说时思维会变得混乱或不连贯。

13. 你无法很好地识别他人的情感。

14. 你不喜欢在公众场合对讲话。

15. 你的文字表达能力比你的口头表达能力要强很多。

16. 你无法在一位内向的朋友面前轻松自如地谈论自己的事情。

17. 你不善于说服他人，尽管有时候你觉得自己很有道理。

18. 你不能自如地用身体语言，如眼神、手势、表情等来表达自己的情感。

19. 你不善于赞美他人，总感到很难把话说得体贴、自然。

20. 在与一位你心仪的异性交谈时，你会感到非常紧张。

【结果分析】

分数	分析
15分及以上	你的语言表达能力较弱，语言沟通能力还很欠缺。如果你的性格太过内向，将阻碍你语言表达能力的提高。你应该尽量改变自己的性格，跳出自己生活的小圈子，多与外界接触，在接触的过程中寻找一些与他人交流的机会，慢慢提高自己说话的能力。只有这样，你的人际关系网才会越来越大。

（续表）

分数	分析
9～14分	你的语言表达能力一般，如果再加把劲儿，你会觉得自己能轻松自如地与人沟通。提高你的语言表达能力，关键是在与人交流的过程中做到主动。这样可以使你在交流中赢得主动权，你的语言表达能力会迈上一个新台阶。
5～8分	你的语言表达能力较好，好好利用你的优势，使自己获得更广阔的人际关系网，同时你也乐意帮助他人提高语言表达能力和沟通能力，但你仍然需要继续努力，以使你在各种环境下都能够无障碍沟通。
4分及以下	你的语言表达能力非常好，你很清楚怎样表达自己的情感和思想，能够很好地理解他人和支持他人。不论是同事还是朋友，是领导还是下属，甚至是竞争对手，你都能和他们保持良好的人际关系。

测试二：你是一个有说服力的人吗

本测试题用于测评你的说服能力。请指出下面每一项陈述与你自身的实际情况的符合程度："1"表示"不符合"，"2"表示有点符合，"3"表示基本符合，"4"表示比较符合，"5"表示"非常符合"。最终的综合得分越高，说明你的说服能力越强。

1. 在尝试说服他人之前，我先确立自己说服他人的资质。

○ 1

○ 2

○ 3

○ 4

○ 5

2. 在说服他人时，我会提供过去人们信任我的证据。

○ 1

○ 2

○ 3

○ 4

○ 5

3. 我分析听众的言语和行为，以评估他们的决策风格和对我的想法的接受程度。

○ 1

○ 2

○ 3

○ 4

○ 5

4. 在说服他人时，我描述我的想法的好处和独特之处。

○ 1

○ 2

○ 3

○ 4

○ 5

5. 我在陈述中使用暗喻、类比和举例子来强调要点。

○ 1

○ 2

○ 3

○ 4

○ 5

6. 我有意识地将陈述中的论点限制在五个以内。

○ 1

○ 2

○ 3

○ 4

○ 5

7. 我用高度可信的证据支持我的论点。

○ 1

○ 2

○ 3

○ 4

○ 5

8. 当我引用事实或统计数据时，我将信息组织在一起，从而使其清楚而令人难忘。

○ 1

○ 2

○ 3

○ 4

○ 5

9. 我鼓励听众进行反馈以促使他们进行自我说服。

○ 1

○ 2

○ 3

○ 4

○ 5

10. 我利用困扰型、引导型和反问型问题鼓励听众进行自我说服。

○ 1

○ 2

○ 3

○ 4

○ 5

11. 我积极倾听听众的意见，并对其言语背后的含意和情感做出回应。

○ 1

○ 2

○ 3

○ 4

○ 5

12. 我在说服前分析我的听众，以确定我采用的说服策略。

○ 1

○ 2

○ 3

○ 4

○ 5

13. 我针对不同听众采用不同的说服策略、材料和方法。

○ 1

○ 2

○ 3

○ 4

○ 5

14. 根据要传递的信息的不同，我选择不同的可视资料。

○ 1

○ 2

○ 3

○ 4

○ 5

15. 我有意识地帮助他人，目的是与他人之间建立信任。我知道这样可以与他人建立一种友好关系，使他们以后愿意向我提供帮助。

○ 1

○ 2

○ 3

○ 4

○ 5

16. 我尝试鼓励人们以公开或书面的方式对我的想法做出承诺。

○ 1

○ 2

○ 3

○ 4

○ 5

17. 我有意识地利用我的职权力量。

○ 1

○ 2

○ 3

○ 4

○ 5

18. 当我拥有独家信息时，我会向说服对象强调这些信息的价值。

○ 1

○ 2

○ 3

○ 4

○ 5

19. 当我推崇某个事物时，我会强调这是标准做法或是一种流行趋势。

○ 1

○ 2

○ 3

○ 4

○ 5

20. 我将自己与受众欣赏的产品、人物或公司关联在一起。

○ 1

○ 2

○ 3

○ 4

○ 5

21. 我强调自己与说服对象之间的相似点。

○ 1

○ 2

○ 3

○ 4

○ 5

22. 当我的想法遇到抵触意见时，我通过复述和提问来了解抵触产生的原因，并表达我对抵触者的顾虑的理解。

○ 1

○ 2

○ 3

○ 4

○ 5

23. 我尝试与说服对象建立积极的关系。

○ 1

○ 2

○ 3

○ 4

○ 5

24. 当我预见到我的想法会遇到抵触意见时，我会在发表自己的观点之前提出对方的论点并理解这些论点。

○ 1

○ 2

○ 3

○ 4

○ 5

25. 我在说服他人时采用肯定、果断和双赢性的语言。

○ 1

○ 2

○ 3

○ 4

○ 5

表达过程中二十四个常见的逻辑谬误

1. 稻草人

在论辩中，你有意或无意地歪曲论敌的立场，以便能够更容易地攻击论敌，或者回避论敌较强的论证而攻击其较弱的论证。你歪曲了别人的观点，使你自己能够更加轻松地攻击别人。

这是一种极端不诚实的行为，不但影响了理性的讨论，也影响了你自己观点的可信度。

2. 错误归因

仅从两个事物可能存在相关性，就得出一个事物是造成另一个事物出现的原因。

你看到了两个事物同时存在，就觉得其中一个事物是另一个事物的起因。你的错误在于，同时存在的两个事物未必有因果关系，可能这两个事物有共同的起因，或者它们直接的共存只是巧合。一件事情比另一件事情先发生同样不能说明两件事情肯定存在因果性。

比如，A指出，过去几个世纪，全球海盗数量减少，全球温度在升高，从而得出海盗数量的减少造成了气候变化。A得出这样的结论就犯了错误归因的谬误。

3. 诉诸情感

诉诸情感，是指通过操纵人们的情感，而非有效的逻辑，来赢得争论的论证方式。

你操作的情感可能包括恐惧、嫉妒、怜悯和骄傲等。一个逻辑严谨的论述可能激起别人的情感波动，但是如果只用情感操作而不用逻辑论述，那你就犯了诉诸情感的错误。每个心智健康的人都会受情感影响，所以这种手段很有效，但这也是为什么这种手段是低级和不诚实的。

比如，A在饭店看到B吃狗肉，于是上前训斥B："你怎么可以吃狗肉？小狗多么可爱，就像小朋友一样，你忍心伤害小朋友吗？"A就犯了诉诸感情的谬误。

4. 谬误谬误

你看到别人的论述水平很低，或者别人的论述里面有谬误，就认为别人的观点一定是错误的。很多时候，辩论的赢家之所以获胜，并不是因为观点正确，而是因为辩论技巧更好。作为一个理性的人，你不能因为别人的论述中存在谬误或者错误，就认为别人的观点一定是错误的。

比如，一个提倡健康饮食的人在电视上发表了一个很荒唐的饮食理论来推广健康饮食理念，A看后觉得健康饮食就是骗人的，于是开始暴饮暴食。A就犯了谬误谬误。

5. 滑坡谬误

滑坡谬误是使用连串的因果推论，却夸大了每个环节的因果强度，而得到不合理的结论。

你不讨论现下的事物A，而是把讨论重心转移到了幻想出来的极端事物Z上。因为你没能给出任何证据来证明A的出现一定会造成极端事物Z的出现，所以这是一种诉诸恐惧的谬误，也影响了人们讨论A时的客观性。

6. 人身攻击

你针对对方的人格、动机、态度、地位、阶级或处境等进行攻击或评论，并以此为依据去驳斥对方的论证或去支持自己的论点。

人身攻击有时不一定是直接进行攻击，也可能是通过背后捅刀子、暗示听众等方式来造成人们对对方人格的质疑。你试图用你对他人人格的攻击来取代一个有力的论述。它常常有下面几种形式。

（1）侮辱性人身攻击。

“×× 有如此不良的品性，因此，他的断言（信念、观点、理论和建议）是不对的，是要将其驳倒的。”如：“你平时一本书都看不完，一点学习能力都没有，你发表的观点怎么可能对？”

（2）自相矛盾型人身攻击。

“××× 之前说是那样的，现在他又说可以这样，他的观点不可信。”如：“小红之前每天熬夜，现在她提出要保证睡眠，早起学习效率高，我才不信呢！”

（3）背景式的人身攻击。

背景式的人身攻击又称为“因人废言式人身攻击”。比如：“××× 是个 ×××，所以他说的这些何其可笑！”

7. 诉诸虚伪

你不正面回应别人对你的批评，而是用批评别人作为你的回复——“你不也曾经……”

你想要用批评回应批评的方式，免去你为自己辩护的责任。你通过这种方法来暗示对方是个虚伪的人，但是不管别人虚伪与否，你都只是在回避别人对你的批评。

比如，A在和B争论的时候指出B犯了一个逻辑谬误，B不正面捍卫自己的观点，反而回应：“你之前也犯了逻辑谬误。”B在这里就犯了诉诸虚伪的谬误。

8. 个人怀疑

你因为自己不明白或者知识水平不够，就断定一个事物可能是假的。

一些复杂的概念，如生物进化等，理解起来需要一些基本的知识。有些人因为不理解这些复杂的概念，而觉得这些东西是错误的。

比如，A指着块石头说：“你说进化论是真的，那你让这块石头进化成人给我看看。”A犯了个人怀疑的谬误。

9. 片面谬误

当你的观点被证明是错误的时候，你用特例来给自己开脱。

人们都不喜欢被证明是错的，所以当人们被证明是错的时候总会想办法给自己开脱。人总是觉得自己以前觉得正确的东西必须是正确的，所以总能找到理由让自己“阿Q”一下。只有诚实和勇敢的人才能坦然面对自己的错误，并且承认自己犯错了。

比如，A说自己有特异功能，能用塔罗牌算出未出生小孩的性别，但是孩子生下来后A发现自己猜错了，于是A就说是对方缺乏信仰所致。A犯了片面谬误。

10. 诱导性问题

你在提出问题的时候加入了诱导的成分，使得对方只能按照你的意思来回答。你试图用诱导性的问题来逼对方回答你提出的低级问题，从而破坏理性的讨论。

11. 举证责任

当有人提出一个观点结果被人质疑后，你认为举证的责任不在提出观点的人，而在质疑者。不能证伪一个事物，或者举出反例，并不能证明这个事物的合理性。当然，如果只因为没有足够的证据说明一个事物是合理的，并不能证明它是不合理的。

比如，A说他相信宇宙是一个全知全能的神创造的，因为没有人能证明神不存在，所以神是存在的。A就犯了举证责任的谬误。

12. 语义模糊

你用双关语或者存有歧义的语言来歪曲事实，当你被别人批评的时候，又利用这些有歧义的语言作为自己的挡箭牌。

比如："地上一个猴，树上qi（"七"或"骑"）个猴，一共几个猴？"

13. 赌徒谬误

你认为随机事件的发生和之前发生的事情是有相关性的。

有人在看到独立的随机事件（比如抛硬币）时，总觉得会和前面的事情有相关性。

比如，A在抛硬币时，前面接连抛出五次正面，他认为自己下一次肯定是反面了。

14. 乐队花车

你试图说明因为很多人都在做同一件事情，或相信同一个事物，所以这件事情就是对的。

一个事物或观点的流行程度和它本身是否合理没有关系。地球是球形的，在人们相信地球是平的时代地球也是球形的。

15. 诉诸权威

你利用一个权威人物或机构的观点来取代一个有力的论述。

要证明一个观点，只是摘录别人的观点是不够的， 至少要知道所提到的权威为什么有那样的观点。因为权威人物或机构也是会犯错误的，所以不能无条件地假设合理性。当然，权威人物或机构的观点有可能是对的，所以不能只因为对方使用了诉诸权威的谬误就认定这个观点是错的。

比如，A不知道怎么反驳进化论，于是就说："我老公××是个科学家，他觉得进化论是错的。"A犯了诉诸权威的谬误。

16. 合成谬误

你认为一个总体的组成部分所具有的特性，对于这个总体的其他部分也是普适的。

很多时候，对于一个组成部分存在合理性的事物，对于其他组成部分并不具有合理性。我们常能观察到事物之间的一致性，所以当一致性不存在的时候也会带有偏见地认为有一致性。

比如：A买了辆自行车，当她看到自行车的车座是人造革的时候，她就觉得自行车的其他部位也是人造革的。

17．诉诸纯洁

你提出了一个观点，并受到了别人的批评，你试图通过马后炮和修改标准的方式来维护自己那个有缺陷的观点。

比如，A：“所有河南人都喜欢喝胡辣汤。”B：“××就是河南人，他就不喜欢喝胡辣汤。”A：“好吧，所有‘真正的’河南人都喜欢喝胡辣汤。”

18．基因谬误

你通过一个事物的出身来判断它的好坏。

你试图逃避正面的讨论，转而讨论事物的出处。这种做法和人身攻击的谬误类似，都是试图通过已有的负面印象来从侧面攻击对方，却不能正面地回应对方的论述。

比如，A：“××不喜欢喝胡辣汤。”B：“××是河南人，怎么会不喜欢喝胡辣汤？”B就犯了基因谬误。

19．非黑即白

你把黑和白作为仅有的可能，却忽略了其他可能性的存在。

你使用了简单粗暴的假二分法，来掩盖其他可能性的存在。你想通过非黑即白的选择来误导讨论，破坏辩论的客观性。

20．窃取论点

你采用循环论证的方法来证明一个被包含在前提里面的观点。

这是一种逻辑智商破产的谬误，因为你把你的前提假设默认是真的，然后利用循环论证的方式来证明它。

21．诉诸自然

你认为一个事物是自然的，所以它是合理的、必然的并且更好的。

一个事物是自然的，并不一定代表它就更好。互相杀戮是大自然中普遍存在的现象，但是大多数人都认为我们不应该互相屠杀。

22. 轶事证据

你试图用个人经验或者单独的事例来取代逻辑论述或者有力的证据。

相比复杂而确凿的证据，轶事证据更容易获得，但是要粗浅很多。在绝大多数情况下，量化衡量的科学数据、确凿证据比个人经验、轶事要更加可信。

比如：A的爷爷是个烟龄为30年的老烟枪，现在80多岁身体还很健康，A因此得出吸烟对身体无害的结论。A就犯了轶事证据的谬误。

23. 得克萨斯神枪手

你在大量的数据或证据中小心地挑选出对自己的观点有利的证据，而不使用那些对自己不利的数据或证据。

你先开了一枪，然后在子弹击中的地方画上靶心，假装自己真是个神枪手。你先确定了自己的立场，然后才开始找证据，并且你只找对自己有利的，而那些对自己不利的证据就选择性忽略。

24. 中间立场

你觉得两个极端观点的妥协，或者说中间立场，肯定是对的。

虽然大多数时候，真理确实存在于两种极端观点的中间地带，但是你不能轻易地认为只要是处于中间立场的观点就一定是正确的。谎言和实话的中间地带依然是谎言。

比如：A认为疫苗会造成儿童自闭症，B从科学研究中得出结论，认为疫苗不会造成儿童自闭症，B认为两者观点的妥协——疫苗会造成儿童自闭症，但不是全部的儿童都会患自闭症——才是正确的。B犯了中间立场的谬误。

后记
Postscript

逻辑表达力是现代人必备的能力

不少人认为做比说重要，但是在现代社会，说的重要性丝毫不亚于做的重要性。这一点，英国前首相布朗深有体会。他在离开唐宁街的时候说过这样一句意味深长的话：“我原本以为只需要埋头苦干人民就会感激，而忘了语言表达在政治生活中扮演着很重要的角色。”因此，对于现代人来说，逻辑表达能力是必不可少的一种能力。

无论是在生活中，还是在工作中，处处需要强大的逻辑表达能力。就职业而言，现代社会从事各行各业的人都需要具有逻辑表达能力，比如商业工作者推销商品、引导顾客买单，企业家经营管理企业，等等。另外，在日常生活中，拥有逻辑表达能力，可以使你获得幸福的生活和和谐的人际关系。

总之，逻辑表达能力是我们提高素质、开发潜力的必备技能，是我们驾驭人生、改造生活、追求事业成功的无价之宝，是通向成功的必要途径。